Muriel Nelly FOTSO CHAKAM

GUIDÉE PAR LA PASSION

Muriel Nelly FOTSO CHAKAM

GUIDÉE PAR LA PASSION

Mon implication dans le développement durable au Cameroun

Éditions Muse

Imprint
Any brand names and product names mentioned in this book are subject to trademark, brand or patent protection and are trademarks or registered trademarks of their respective holders. The use of brand names, product names, common names, trade names, product descriptions etc. even without a particular marking in this work is in no way to be construed to mean that such names may be regarded as unrestricted in respect of trademark and brand protection legislation and could thus be used by anyone.

Cover image: www.ingimage.com

Publisher:
Éditions Muse
is a trademark of
Dodo Books Indian Ocean Ltd. and OmniScriptum S.R.L publishing group

120 High Road, East Finchley, London, N2 9ED, United Kingdom
Str. Armeneasca 28/1, office 1, Chisinau MD-2012, Republic of Moldova, Europe
Printed at: see last page
ISBN: 978-620-4-96468-3

Muriel FOTSO, Environnementaliste et Fondatrice de l'association SAMO Foundation

GUIDEE PAR LA PASSION

« Mon implication dans le développement durable au Cameroun »

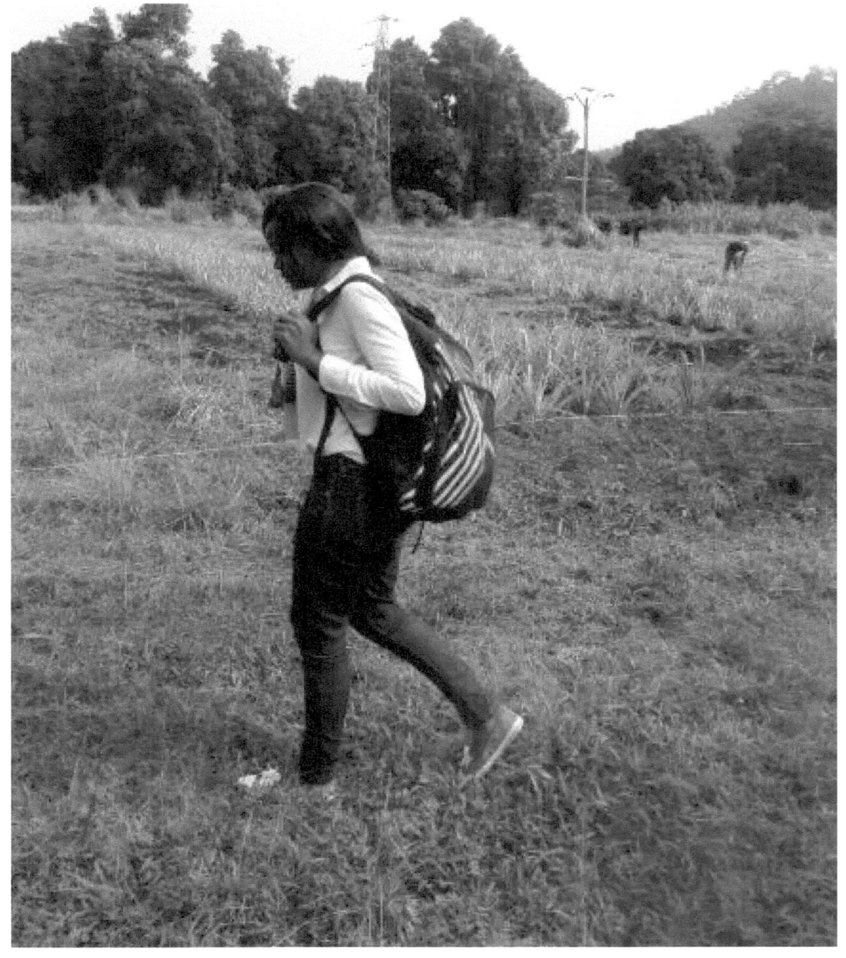

Muriel FOTSO

Muriel FOTSO, Environnementaliste et Fondatrice de l'association SAMO Foundation

Tout commence quand je décide après l'obtention de ma licence en Chimie général à l'université de Yaoundé 1 de suivre une formation sur une spécialité environnementale, car passionné par les actions communautaires en particulier ceux liées à la protection de l'environnement (gestion des déchets) suite aux activités bénévoles dont je participais. Après recherche et dépôts des dossiers, je me suis inscrite à l'École Nationale supérieure des travaux publique (ENSTP) en master, filière environnement, option « gestion durable des déchets ». Un univers différent de celui précédent ; ici tout était nouveau pour moi (nouvelles matières, nouvelle méthodologie de travail etc.) et l'adaptation a été très facile de part mon implication aux groupes de travail académique comme professionnel (entre camarade de classe pour effectuer des recherches d'approfondissement). J'ai pu découvrir mon côté social et dynamique au sein de cette école, car je participais à tous les travaux de recherches qui nous étais donné, toujours présente pour des activités avec les camarades, leader de plusieurs groupes de travaux dirigés et pratique, bref quelqu'un qui par sa présence faisait bouger les événements et apportait un plus positif de part son engagement et sa disponibilité.

Avant de débuter ma formation à l'ENSTP, je participais à plusieurs activités bénévoles organisés par des associations caritatives, ce qui m'animait était la passion avec laquelle le partage des dons se faisait, le tout n'était pas simplement de donné mais de dialoguer avec les bénéficiaires, de connaître leur vécu, de conseiller sur les perspectives à mettre en place pour un meilleur suivi par la suite et de les aider psychologiquement car tout n'est pas que question de manger et de se vêtir mais d'être mentalement équilibré et être optimiste. Ajouté à ceux-ci, j'assistais également de temps à temps une dame venu au Cameroun pour une mission, elle coordonnait plusieurs projets à Nkometou, Mehandan, Nsimalen etc. situés à Yaoundé et dans la région du Centre au Cameroun, projet en majorité sur le développement des activités des femmes rurales ; l'assister sur le terrain ma fait découvrir le vécu et quotidien de la population en milieu rurale, une motivation s'installait malgré une peur au début. Ceux-ci à été d'une très grande aide dans ma vie professionnelle, une transformation personnelle et une leçon de vie qui a impacté positivement mon parcours. Pourquoi je le dis ?

Un côté très positif de ma formation comme environnementaliste était qu'a chaque leçon ou module ou thématique, ils nous étaient demandé de faire des travaux dirigés individuellement et en groupe ; par la suite des travaux pratiques sur le terrain qui se soldait de rapport à rédiger individuellement et des thématiques à résoudre en groupe. Ce processus de formation, nous a entrainé à être expérimenté aux travaux de recherche, à la gestion de projet, à la rédaction de rapport/ travaux d'étude, à la collecte des données et son analyse et à cultivé l'esprit d'équipe. Ayant déjà reçu avant une expérience de terrain dans les activités communautaires, mon implication dans les travaux dirigés ou pratiques était plus comme un manager, moi qui au début n'y croyait pas et manquait de confiance ; mais mes camarades m'y encourageaient et aimaient le fait que c'est moi qui dirige les travaux, car pour eux mon engagement, mon sérieux dans le travail, ma discipline et détermination étaient des atouts suffisant pour leur motiver, pour mieux organiser les tâches et qu'ensemble l'ont puissent rendre un travail de qualité et professionnel. « *Ils n'avaient pas tord car à la fin le rendu était toujours satisfaisant, convainquant et parmi les meilleurs* ». Dès lors, je développe mes actions sur la protection de l'environnement et s'est ainsi que je débute une succession de mise en place et de réalisation de projet (***recherche, développement, humanitaire, communautaire et scientifique***) tous concourant à mon engagement pour l'atteinte des ODD (*Objectifs du Développement Durable*) au Cameroun.

Le Cameroun est situé en Afrique Centrale, au fond du golfe de Guinée. Il est limité au Nord par le Tchad, à l'Est par la République Centrafricaine, au Sud par le Congo, le Gabon et la Guinée Équatoriale, à l'Ouest par le Nigéria. Le Cameroun est un pays qui compte plusieurs grandes villes parmi lesquelles Yaoundé, la capitale politique du pays qui compte plus d'un million d'habitants, Douala, la capitale économique compte plus de deux millions d'habitants. Ensuite viennent des villes comme Garoua, Bafoussam, Maroua, Bamenda, … qui sont d'importants centres urbains. Le Cameroun compte 240 ethnies, réparties en trois grands groupes (Bantous, Semi-Bantous, Soudanais) et correspond à 240 langues nationales.

Le français et l'anglais sont les langues officielles, elles sont parlées respectivement par 70 % et 30 % de la population. L'Espagnol et l'Allemand sont également connus par de nombreux citadins. Le Cameroun est un état laïc. Deux principales religions y sont pratiquées : le Christianisme et l'Islam. On note aussi la pratique de l'Animisme par de nombreuses populations. Le Cameroun compte 10 régions : Adamaoua ; Centre ; Est ; Extrême-Nord ; Littoral ; Nord ; Nord-Ouest ; Ouest ; Sud et Sud-Ouest.

Le Cameroun est connu également comme « Afrique en miniature », dispose grâce à sa diversité de tout ce que vous souhaitez découvrir sur le continent africain. Le Cameroun est divisé en deux zones climatiques majeures : la zone équatoriale et subéquatoriale dans le Sud et la zone tropicale dans le Nord. La région du Sud offre de magnifiques forêts tropicales et de belles plages de sable fin et le Nord offre de grands déserts, des lacs magnifiques, de la savane et un beau paysage. Les montagnes volcaniques se retrouvent dans les régions du Sud-Ouest et du Nord-Ouest du pays. (Discover Cameroon, l'Afrique en miniature).

CHAPITRE 1 : Mes débuts

Nous sommes 06 jeunes étudiants en 2014 parmi lesquels, ils y'avaient 02 qui évoluaient déjà dans le monde professionnel, nous décidions de former une équipe et qu'ensemble nous puissions travailler sur un projet au choix liés à la gestion des déchets afin de le présenter au cabinet ICLY (Institut de Culture et de Langue de Yaoundé) qui avait au programme de travailler en partenariat avec une organisation environnementale et était à la recherche d'un projet. C'est ainsi qu'après réflexion, échange et faisant face à la réalité de notre milieu de vie, nous sommes arrivés à la conclusion de choisir comme thème, **la gestion des déchets ménagers,** à cet effet, nous nous étions concentrés sur la gestion de ces déchets dans les quartiers défavorisés de Yaoundé, avec pour étude de cas, Etam Bafia**.**

Yaoundé est la capitale politique du Cameroun et chef lieu de la région du centre. Elle est située à 200 Km de la côte Atlantique. Elle est entourée de 7 collines qui seraient responsable de son climat particulier et dont les plus élevées sont situées du côté de l'Ouest et Nord-Ouest (Mont Mbankolo 1075 m, Mont Messa 1025 m, Mont Febé 1025 m, Mont Nkolondom 1200 m, etc.). La population de la ville de Yaoundé est estimée à environ 1,5 millions (2002). Les analyses conduites nous informent du rajeunissement de la population et de la prédominance des femmes. Les adolescents et les jeunes adultes sont attirés par les opportunités d'emplois et activités du secteur informel. En 2010, les projections fixent la population de la capitale entre 1,7 et 2,2 millions d'habitants. En 2020, les estimations tablent sur une population comprise entre 2,4 et 3,3 millions d'habitants. (ONU HABITAT, Division de la coopération Technique et Régionale : profil urbain de Yaoundé).
Les 1,5 millions d'habitants de l'agglomération de Yaoundé produisent chaque jour environ 1700 tonnes de déchets ménagers représentant environ 5.000 m3. Les entreprises et services produisent environ 4500 tonnes de déchets solides par mois. Le service de ramassage est assuré par la société *HYSACAM*[1]. L'activité de ramassage ne se fait que dans les quartiers structurés. Les populations des quartiers spontanés rejettent une grande partie de leurs déchets dans des lieux non autorisés (caniveaux, rigoles, cours d'eau, etc.). (ONU HABITAT, Division de la coopération Technique et Régionale : profil urbain de Yaoundé).

Notre projet sur la gestion des déchets ménagers dans les quartiers défavorisés de la ville de Yaoundé, étude de cas, quartier Etam-Bafia avait été minutieusement réfléchi, vu le nombre de **décharge sauvage** (*tout dépôt d'ordures de quelque nature et de quelque dimension en un lieu où il ne devrait pas être. Ces dépôts sont la conséquence de l'insuffisance des moyens de collecte et de traitement des détritus mais également d'actes d'incivismes. Définition du guide pratique réalisé par la Fédération Rhône-*

[1] PNUE : Hygiène et Salubrité du Cameroun

Alpes de Protection de la Nature – Isère, 2012) qui se trouvait dans nos quartiers en général et dans les quartiers défavorisés en particulier.

Le hic de ces derniers se trouvaient sur leur niveau de vie bas, à la base n'était pas hygiénique cause du manque d'eau (tous les habitants n'avaient pas les moyens d'installer une pompe à eau pour s'acquérir d'une eau potable), dont obligée de creuser des puits de partout qui dans la plupart des cas mal placés et mal entretenu ; ajouté à cela des rigoles remplis de déchets ; des tas d'ordures de part et d'autres des maisons d'habitation et à proximité de ces puits ; en saison de pluies, nous pouvons déjà imaginés le scénario suite à ces emplacements. Une urgence était signalée, de mettre en place une solution durable liés à la gestion des déchets qui impliquait, la sensibilisation de la population, suivi des enquêtes et analyses afin d'apporter une solution adaptée au milieu.

Le choix du quartier s'était fait cause de la population nombreuse, les habitations désordonnées, sa mauvaise réputation qui pour nous était un plus car le fait d'avoir des jeunes délinquants et imposant dans le milieu nous permettait de passer le message sur les gestes éco responsable au travers d'eux. De part leur autorité, la population fournira des efforts de respecter les règles d'hygiène pour leur bien être et réduire les impacts sanitaires qu'ils subissent causés en majorité par la présence des décharges sauvages dans plusieurs endroits dans le quartier. Les quartiers défavorisés sont des exemples palpables de l'insalubrité causée par l'explosion démographique ; le standard de vie des populations et l'inexistant plan de gestion des déchets. Etam-Bafia est un quartier situé dans l'arrondissement de Yaoundé IV, ses quartiers environnants sont Kondengui, Mvog-Mbi et Nkoldongo ; il se caractérise par des marécages, des vallons et surtout des dépotoirs sauvages d'ordures.

L'objectif de notre étude, était de dénoncer l'état dans lequel se trouvent les quartiers défavorisés et attirer l'attention des populations sur la nécessité d'une bonne gestion de leur environnement. Le cas sur la gestion des déchets ménagers car sont des déchets issus de l'activité domestique quotidienne des ménages (restes alimentaires comme exemple) et des déchets des activités économiques, à l'exemple des résidus de marchés. 02 descentes sur le terrain ont été effectués, l'un pour évaluer les lieux de l'étude et la 2éme descente avait pour objectif de sensibiliser la population sur les éco gestes, d'effectuer les enquêtes auprès de la population et de prendre les points de décharge sauvage des ordures ménagères. Notons que, selon la loi N°96/12 du 05 Août 1996 portant loi-cadre relative à la gestion de l'environnement, défini un déchet comme tout résidu d'un processus de production, de transformation ou d'utilisation, toute substance ou tout matériau produit ou, plus généralement, tout bien meuble ou immeuble abandonné ou destiné à l'abandon.

Les déchets dans ce quartier étaient disposés en majorité par les plus petits (enfants) et parfois les parents. L'inconscience et aussi le désordre des enfants sont des facteurs majeurs dans l'état de l'insalubrité de leur environnement car très souvent pas soucieux de ceci. La plupart d'entre eux pensent que disposer les ordures c'est les mettre hors de la maison. D'où les multiples dépôts sauvages d'ordures retrouvés dans ces zones. Certains parents aussi pas soucieux de leur bien-être ont des comportements parfois identiques à ceux des enfants vis-à-vis de la disposition des ordures. Sur le site, nous avions divisé le quartier en deux blocs suivant une rue (entre la montée kondengui et le marché Mvog-Mbi) : bloc en amont et le bloc en aval. L'échantillonnage s'est fait par domicile suivant un intervalle de dix maisons où nous avions noté les problèmes que connaissent les ménages vis-à-vis des déchets. Avec le *GPS*[2], nous avions relevé les points de coordonnées géographiques des décharges sauvages, des bacs présents et aussi des rigoles.

L'étude faite sur cent (100) ménages suivant un intervalle de dix (10) maisons nous a permis de récolter les informations sur une estimation de la masse de déchets produite dans chaque ménage. Suivant notre étude statistique quantitative faite sur cet échantillonnage, nous avions obtenu 26,31% de ménages qui déversent les déchets dans les bacs à ordures ; ensuite 53,63% de ménages qui déversent leurs déchets dans les dépotoirs sauvages et les fosses ; enfin 21% de ménages déversent leurs déchets dans les rigoles. La plupart des déchets produit par la population sont des résidus alimentaires que nous avions estimés à 70%, les bouteilles plastiques qui par leur forme occupe de très grande surface représentent environs 25% et les verres 5%.

Une étude enrichissante, pleine d'expérience de la collecte des données sur le terrain en particulier dans un environnement semblable à celui du quartier d'Etam Bafia, où nous avions eu peur au début mais compris et orienté par les doyens et leader du milieu. Nous avions été bien accueillis et tout s'était bien déroulé. Après avoir établi le rapport de notre étude, la présentation s'est faite devant un public (expert en gestion des déchets, société civile, chaine de télévision, entrepreneur, fonctionnaire, étudiants…) curieux de savoir ce qu'une jeunesse pleine d'enthousiasme et utilisant ces propres moyens financiers pour réaliser un projet de cette échelle avait à offrir. C'est avec détermination et fierté que le rapport avait été présenté, plusieurs remarques et conseils avaient été notés. Cette expérience a fait de moi de nos jours, une experte de terrain prévoyante et prévenante. Il en ressort de ce projet une motivation de continuer dans la même lancée tout en s'appuyant sur la sensibilisation à la gestion des déchets dans notre environnement.

Nous avons toujours pensé que l'insalubrité dans nos villes et quartiers n'était pas une fatalité, et que des solutions adaptées à nos réalités pouvaient être apportées afin

[2] GPS : Global Positioning System, en français : Système mondial de positionnement

d'amener les populations à changer de mentalité pour une gestion propre et citoyenne de nos déchets en particulier. C'est pourquoi nous sommes convaincus que la sensibilisation sur la bonne gestion des déchets et la pré-collecte des déchets font partis des solutions tant qu'elles sont bien pensées et bien implémentées pour faire face à la mauvaise gestion des déchets qui minent le quotidien des populations. La majorité de ces problèmes est liée au plan inadapté de gestion des déchets et de la représentation que se font les populations vis-à-vis des déchets. Actuellement en pleine croissance économique favorisant son développement, l'urbanisation et l'industrialisation étant des facteurs majeurs de production de déchets. Le Cameroun verra ainsi une augmentation conséquente de son taux de production de déchets. Ainsi les principaux producteurs que sont les ménages, les entreprises, les services publics, les marchés et les établissements se verront donc imposer la responsabilité des déchets qu'ils produiront. Ceci dans le but de respecter l'environnement dans lequel nous vivons afin d'éviter une catastrophe environnementale liée aux déchets.

Plusieurs problèmes environnementaux minent notre société, en particulier le problème de gestion des déchets. Pour le cas du Cameroun, la gestion des déchets est un problème majeur à prendre en considération d'abord pour notre éthique et ensuite pour l'assainissement de notre Pays. Nos déchets sont gérés selon nos mentalités et civilisations. La collecte des déchets fait preuve de beaucoup de manquements observés. Parmi ceux-ci, nous pouvons noter :

- Le trop plein des bacs dans beaucoup de coins et dégageant des odeurs nauséabondes ;
- Le manque de bacs à ordure à certains endroits et les populations se voyants ainsi dans l'obligation de déposer leurs ordures à tous coins de la rue et
- Le transport des bacs par les camions se faisant à découvert de toute la population car ces ordures devraient être recouvert et surtout pas visible pour ainsi éviter qu'ils ne se déversent à tout bout de chemin.

D'où l'importance de mettre sur pied un plan local de gestion des déchets qui défini les opérations de tri, pré-collecte, collecte, transport, traitement, valorisation et élimination finale des déchets pour améliorer le cadre de vie des populations par une gestion des déchets efficace et durable.

« *L'Homme vit dans son environnement qui devrait pouvoir à sa subsistance, cela dit une bonne gestion des déchets doit être bénéfique pour la population, et pour un développement durable ; avec pour corollaire, non seulement, une réduction des pollutions et nuisances, mais aussi une revalorisation des déchets produits afin de répondre à certains besoins sociaux profond comme le besoin d'énergie* ».

Après ce projet, j'avais un très grand besoin de continuer dans le même processus, impacter les communautés. Durant mes différentes participations à l'atelier, conférence, symposium et séminaire, je fais la rencontre d'un expert qui était captivé par ma motivation et ma présentation lors d'une restitution de travail, il décide dont de m'accompagner avec un camarade de classe avec qui je faisais équipe sur nos différents projets. Dès lors, nous avions débuté par l'évaluation des niveaux d'exposition de la population générale aux produits agrochimiques en 2014. L'objectif était de sensibiliser les entreprises concernées par les produits agrochimiques et de faire une enquête aux populations vivant à proximités de ceux-ci. Un coaching nous avait été fait par l'expert qui était devenu un mentor pour nous, spécialisé dans les produits chimiques, nous avions bien assimilé les bases et étions prêt pour le terrain.
Le terme de « *produit agrochimique* » désigne toutes les substances chimiques utilisées dans l'agriculture. Les substances nutritives et les matières auxiliaires chimiques en font partie. Parmi les substances nutritives, on compte 5 éléments principaux (azote, phosphore, potassium, soufre et magnésium) et environ 10 oligo-éléments (dont le fer et le cobalt). Les matières auxiliaires chimiques comprennent notamment les pesticides et les produits vétérinaires, mais aussi des substances comme les agents d'ensilage, qui en prolongent la conservation, les raccourcisseurs de paille ou le calcaire utilisé pour améliorer la qualité des sols. Les voies de transfert des matières auxiliaires chimiques dans le milieu naturel sont très variées.

Ainsi, les pesticides sont directement pulvérisés sur les surfaces agricoles tandis que les produits vétérinaires comme les antibiotiques se retrouvent dans les champs par le biais des excréments (le plus souvent sous la forme de lisier et de fumier). Mais les produits agrochimiques sont aussi les vecteurs d'autres micropolluants qui sont rejetés avec eux dans le milieu naturel : parmi les plus préoccupants, citons les métaux lourds souvent présents sous forme d'impuretés dans les engrais minéraux et les boues d'épuration. Étant donné que, sans compter les métaux lourds, les boues d'épuration renferment généralement tout un éventail de polluants, leur utilisation en tant que fertilisant est limitée. Les produits agrochimiques jouent également un rôle très important dans l'augmentation de la production des nourritures et de la sécurité alimentaire. Ces produits comprennent l'herbicide, la germicide et le régulateur de croissance des plantes. Libérés dans l'environnement, les pesticides vont évidemment éliminer les organismes contre lesquels ils sont utilisés. Mais, la plupart de ces produits vont également toucher d'autres organismes que ceux visés au départ, de manière directe (absorption, ingestion, respiration, etc.) ou indirecte (via un autre organisme contaminé, de l'eau pollué, etc.). D'où l'urgence de faire une sensibilisation à la base aux différents partis prenantes (Industries agrochimiques et la population).
Notre étude de cas était les entreprises et population basées dans la ville de Douala. Plus précisément ceux situés dans les zones industrielles.

Douala est la capitale économique du Cameroun. Cette Ville cosmopolite d'environ 3 millions d'habitants concentre près de 20% de la population urbaine du pays et est la ville la plus peuplée d'Afrique centrale (Observatoire international des maires, Vivre ensemble, 2015). Le port de Douala est la principale porte d'entrée du Cameroun et de fait, de la sous-région d'Afrique centrale, et dessert plusieurs pays limitrophes. La ville a toujours été sur le plan historique en relations avec des peuples issus d'horizons divers. D'abord les portugais qui ont attribué le nom de *« Rio dos camaroes »* au fleuve Wouri en 1472, expression à l'origine de l'appellation « Cameroun », puis les allemands pendant le protectorat de 1884, les britanniques et les français après la première guerre mondiale. Ces différents peuples se sont progressivement familiarisés avec l'importante diversité des populations locales. En effet, le Cameroun en lui-même est constitué de plus de 240 ethnies différentes parlant autant de dialectes. Toute cette diversité socioculturelle se retrouve à Douala, ce qui montre l'importance des différences linguistiques et culturelles des populations locales. La ville regorge également d'une multitude de peuples africains, européens, américains, bref des citoyens de tous les coins du monde.

Dans ce contexte, plusieurs nationalités étrangères sont représentées à Douala. Ces ressortissants des pays amis, solidement implantés à Douala s'investissent dans les domaines de l'industrie, l'hôtellerie et la restauration, le commerce général, l'import/export… C'est dans le but d'encadrer ces fortes communautés étrangères que 32 postes consulaires parmi les plus représentatifs du Cameroun sont présents à Douala. La gestion de tous ces citoyens tant nationaux qu'expatriés dans le territoire urbain implique le développement d'un « Vivre ensemble » afin de favoriser la vie en harmonie dans la cité. Les défis du Vivre ensemble à Douala consistent donc à trouver l'adéquation entre activités économiques et diversité socioculturelle, et d'accroître les responsabilités des autorités locales pour permettre aux citoyens, mieux associés à la gestion de leur quartier et de leur Cité, de vivre en harmonie.

La production industrielle est encore très concentrée à Douala, capitale économique qui regroupe le plus d'entreprises. Une descente sur le terrain avait été effectuée afin de mener l'étude. Suite aux activités réalisées (sensibilisation et enquêtes) dans les industries agroalimentaires (9) et les populations vivant à proximité de ces industries, la majorité de ces populations affirment apercevoir des épaisses couches de fumée provenant de ceux-ci qui peuvent être source de certaines maladies récurrentes du milieu, à l'exemple de la tuberculose. La pollution de l'air se fait ressentir par des odeurs nauséabondes qui provoquent dans certains cas un déséquilibre social. Pour la majorité de personnes interrogées, l'eau est de nature douteuse vue la proximité des points de ravitaillement en eau (sources et puits) situés en aval de ces entreprises entrainant des dommages sur la santé (fièvre typhoïde) qu'on retrouve le plus chez les adultes.

Après tous ces travaux menés, la descente sur le terrain a été d'une part enrichissante car l'entretien s'est bien passé avec la plupart des entreprises, qui ont également compris l'importance de notre recherche et les enquêtes menés auprès de la population étaient plus intéressante que l'on s'attendait. D'autres parts nous avions vu les points faibles du projet qui nous ont servi de leçon dans nos prochaines recherches et de se fait, une expérience acquise. La sensibilisation des populations vivant à proximité des industries agro-alimentaires sur les gestes écoresponsables doivent être approfondi afin de réduire les impacts sanitaires qui en découlent.

Ainsi s'en es suivi plusieurs réalisations de projets, à l'exemple de l'éducation environnementale dans une école primaire à Yaoundé et la transformation de la matière organique en compost.

ÉDUCATION ENVIRONNEMENTALE (EE)

Après une première Conférence internationale des Nations unies sur l'environnement humain à Stockholm en 1972, qui marque le début de l'éducation relative à l'environnement sur un plan international et institutionnel, les États membres de l'*UNESCO*[3] ont établi une définition de l'Éducation relative à l'Environnement lors d'un séminaire fondateur à Belgrade en 1976, puis lors d'une Conférence internationale et intergouvernementale à Tbilissi, en 1977 : « L'éducation relative à l'environnement est conçue comme un processus dans lequel les individus et la collectivité prennent conscience de leur environnement et acquièrent les connaissances, les valeurs, les compétences, l'expérience et aussi la volonté qui leur permettront d'agir, individuellement et collectivement, pour résoudre les problèmes actuels et futurs de l'environnement ». Selon l'UNESCO- *PNUE*[4], il faut viser « le développement d'une prise de conscience concernant l'environnement », et... « L'éducation relative à l'environnement doit [...] faciliter une prise de conscience de l'interdépendance économique, politique et écologique du monde moderne, de façon à stimuler le sens de la responsabilité et de la solidarité entre les nations. Ceci constitue un préalable pour que les problèmes environnementaux graves qui se posent sur le plan mondial puissent être résolus. » (Rapport final de la Conférence de Tbilissi, 1977).

L'éducation à l'environnement traite de la relation entre l'homme et son environnement. Elle aborde les causes de l'activité humaine et ses effets sur la nature et la société (à l'exemple des conséquences de la surexploitation des ressources, du changement climatique, du recul de la biodiversité et des atteintes aux écosystèmes). Elle intègre les approches des sciences de la nature et des sciences humaines et

---

[3] UNESCO : Organisation des Nations unies pour l'Éducation, la Science et la Culture

[4] PNUE : Programme des Nations Unies pour l'Environnement

sociales et met l'accent sur la compréhension des interactions. Sur cette base, les connaissances environnementales de base, la compréhension des interactions socio-économiques et des écosystèmes, ainsi que le lien entre l'homme et la nature sont fondamentales. L'éducation à l'environnement est axée sur les valeurs, car il s'agit de préserver les fondements naturels de la vie. (Éducation 21, Éducation en vue d'un Développement Durable (EDD) : L'éducation à l'environnement).

Une pensée sur l'éducation environnementale s'avère dont nécessaire voire urgente dans le monde, en particulier au Cameroun qui se voit chaque jour croître en population, d'où la nécessité de mettre en place un programme qui pourra conscientiser et changer les mentalités concernant la gestion de l'environnement (Éducation environnementale). Inspiré du Programme National de Sensibilisation et d'Éducation à l'Environnement (PNSEE) du gouvernement camerounais qui est très intéressant. Il est inutile d'insister sur le fait qu'au Cameroun, en matière d'environnement il y a beaucoup à faire et à dire. En effet, il suffit de faire un tour dans les grandes villes (Yaoundé et Douala) pour se rendre compte qu'il y a un taux d'urbanisation élevé. Cette situation entraîne un taux de consommation des individus plus élevés et une production de déchets de tous genres. Certains déchets sont nocifs pour l'environnement. D'où notre désir de susciter une « conscience environnementale ».

Notre projet sur l'éducation environnementale était la gestion des déchets, plus précisément le tri des déchets en milieu scolaire. Au Cameroun, des efforts sont faits par l'État, les structures de gestion des déchets via des campagnes de sensibilisation, la collecte et la valorisation des déchets pour l'amélioration de notre environnement. Nous remarquons malheureusement une présence considérable des déchets dans nos rues. La question des déchets est donc non seulement un problème d'environnement, mais également de santé publique. On peut même affirmer que le problème du devenir des déchets est l'une des préoccupations actuelles les plus importantes pour la population. En général, le problème n'est pas seulement la production des déchets, mais aussi leur élimination. Pour cela, il faut sensibiliser la population en particulier les élèves qui sont les adultes de demain afin que ceci entre dans une action durable et responsable. Pour y parvenir, une EE s'avère nécessaire. Seule la diffusion d'une EE peut favoriser une évolution profonde des mentalités et des habitudes des citoyens, garantissant un développement équitable et durable.

Les bénéficiaires principaux de ce projet étaient les écoliers de l'école bilingue « les Poissons » de Yaoundé situé au quartier Damas dans l'arrondissement de Yaoundé 3. L'éducation reçue permettra à ces jeunes d'apprendre à mettre les déchets dans les poubelles et à faire un tri. La méthodologie que nous proposons est participative avec une implication des maîtres et maîtresses des écoles et aussi des parents des élèves. La formation, la sensibilisation du corps enseignant passera par le renforcement de leurs capacités techniques pour permettre un suivi et une continuité. Ce projet est sans aucun doute innovant et créateur d'une conscience qui permettra d'assurer un avenir durable et propre. Les bénéfices tirés vont se perpétuer car les enfants auront acquis des habitudes qu'ils ne quitteront plus. Nous étions accompagnés d'un expert en éducation pour toute la réalisation de ce projet, l'accent sur les techniques d'approche pédagogiques ont été misent en valeur. Les activités ont été faites suivant les objectifs ci-dessous :

- Amener les enfants d'aujourd'hui adultes de demain à prendre conscience de l'impact de nos modes de vie sur l'environnement ;
- Implémenter dans l'esprit du futur adulte qu'il est possible de penser globalement et agir localement pour le bien être de toute la planète ;
- Développer l'imagination des enfants pour trouver des solutions durables ;
- Faire comprendre qu'il est possible de lutter contre la pauvreté avec le recyclage des déchets ;
- Améliorer la salubrité de leur environnement ;
- Créer le club environnement dans l'établissement qui s'assura de l'application des pratiques environnementales ;
- Implémenter dans l'école la collecte sélective des déchets dans le but de revaloriser, réutiliser et aussi réduire leur impact dans la décharge et
- Organiser des séminaires sous forme de jeux.

Entrons dans l'univers passionnant de cette activité à l'école primaire bilingue les Poissons :

L'an deux mille quatorze, le seizième jour du mois d'octobre a eu lieu à l'École Privé Bilingue les Poissons de Yaoundé à Damas le projet dont le thème est « *Éducation environnementale* ». 40 parents et une moyenne de 150 élèves ont participé à cette activité. Cette rencontre, riche en émotion et plein d'échanges avait pour thème « Sensibilisation pour une bonne gestion des déchets ». Cette sensibilisation s'est centrée sur l'importance du tri des déchets à la base, de sa sélection et sa valorisation. Il est 13H30 min quand les entrevues commencent et ceci suivant l'enchainement :

- La rencontre avec les parents d'élèves ;
- La rencontre avec les élèves et
- La rencontre avec l'administration scolaire.

La rencontre avec les parents : malgré la pluie qui s'est abattu sur la capitale politique du Cameroun ce mercredi, ils sont venus assez nombreux à cette rencontre. Constitué en grande majorité de femmes, ces parents ont suivit avec beaucoup d'attention le débat qui a eu lieu sur la « gestion des déchets ». Une présentation de quelques captures d'images sur les méfaits de la mauvaise gestion des déchets, tout en mettant l'accent sur l'importance d'une remise en question réelle d'une gestion un peu plus efficace afin de prévenir certaines maladies et des inondations liées à la mauvaise gestion des déchets. Nous avions montré aux parents comment ils doivent désormais gérer leurs déchets ménagers au quotidien. Un exemple pratique a été fait, le tri des déchets en rassemblant tous les déchets de l'école regroupés en trois catégories notamment : les déchets biodégradables ; les déchets non biodégradables et les autres types de déchets.

Trois bacs à ordures étiquetés des différentes catégories de déchets ont fait l'objet de la démonstration de tri des déchets, certes, il sera difficile de l'appliquer chez nous car les conditions de collecte ne sont pas adaptées, mais cette séance pratique a permis aux parents d'avoir une connaissance de base sur la gestion des déchets. Les parents ont interagi pendant la présentation et après par une multitude de questions à savoir :

1. *Pensez-vous que nous aurons assez de temps pour trier tous nos déchets à la maison ?*
2. *Est-ce qu'il y aura trois Hysacam pour nos déchets ?*
3. *Pourriez-vous nous procurer ces trois types de bac à ordure ?*
4. *Nous pensons que cette rencontre est très intéressante pour nous et même pour nos voisins au quartier. Est-il possible que ce genre d'initiative que vous avez eu soit étendu dans nos quartiers ?*

A ces questions, des réponses ont été apportées et ont sans doute contribué à éclaircir davantage les parents sur leurs inquiétudes.

1. *Pensez-vous que nous aurons assez de temps pour trier tous nos déchets à la maison ?*

Réponse : la bonne gestion est une question d'habitude et de routine, c'est vrai que pour un début se sera un peu difficile de faire le tri. N'oubliez pas l'importance de la gestion des déchets. On le fait pour garder notre environnement sain, prévenir certaines maladies... Donc, lorsque vous commencerez à faire le tri des déchets, avec l'habitude cela deviendra facile et simple.

2. *Est-ce qu'il y aura trois Hysacam pour nos déchets ?*

Réponse : L'entreprise Hysacam collecte, transporte et valorise nos déchets, mais ce que vous ne savez pas c'est qu'à ces différents lieux de stockage des déchets, un tri de ces déchets collectés est fait, même si ce tri n'est pas total. Donc si vous commencez à faire le tri des déchets à la base, c'est-à-dire dans vos maisons, en passant récupérer les déchets, ils s'auront comment les disposé dans leurs véhicules.

3. *Pourriez-vous nous procurer ces trois types de bac à ordure ?*

Réponse : Si nous avons conçu ces trois bacs à ordure, c'est pour vous montrer comment à la maison vous pourrez à votre tour en faire autant. Ceci surtout pour faire la différence entre les trois catégories de déchets.

4. *Nous pensons que cette rencontre est très intéressante pour nous et même pour nos voisins au quartier. Est-il possible que ce genre d'initiative soit étendu dans nos quartiers ?*

Réponse : Nous vous remercions déjà pour votre présence. Nous savons que cela n'a pas été facile vu vos différentes contraintes. Aussi, nous sommes fiers de savoir que cette rencontre vous a édifié. Nous avons choisi l'école primaire bilingue les Poissons comme le point de départ de notre projet de sensibilisation à l'EE et nous ne comptons pas nous arrêter en si bon chemin. Mais nous vous exhortons à votre tour d'être des ambassadeurs de protection de l'environnement auprès de vos voisins et voisines. Nous ne doutons pas un seul instant qu'avant que nous n'envisagions venir auprès de vous dans les quartiers vous aurez déjà pris les devant en parlant autour de vous de la bonne gestion des déchets afin de garantir un environnement sain, propre et agréable à vivre.

La rencontre avec les élèves : ce deuxième point a été l'un des plus émouvants. La salle polyvalente de l'école primaire bilingue les poissons n'a pas pu contenir tous les élèves venus très nombreux. Ceux-ci étaient assez conscients des raisons de notre présence. C'est ainsi qu'à la question posée à une élève : « *qu'elle est la raison de notre présence ici ce jour* », la jeune élève du CM1[5] répond « *nous sommes ici pour la sensibilisation à la gestion des déchets* ». Grande a été notre surprise de savoir qu'ils ont pu être informé de la raison de notre présence et plus encore lorsque nous nous sommes rendu compte que cette dernière ait eu la présence d'esprit de lire le thème sur l'écran. N'est-ce pas là une preuve de l'éveil réelle de notre cible ?

L'introduction sur la sensibilisation à la gestion des déchets avec les élèves s'est faite dans une atmosphère pédagogique particulière : celle de la pédagogie participative et centrée sur l'apprenant. Ainsi, avec de petites questions, les élèves ont eux-mêmes pris la température de la rencontre. C'est ainsi, pour évaluer sommairement les acquis des élèves sur la notion de déchet, des questions leur ont été posés, notamment :

1. *Qu'est-ce qu'on appelle déchet ?*
2. *Quels sont les types de déchets que vous connaissez ?*
3. *Quels sont les déchets biodégradables que vous connaissez ?*
4. *Quels sont les déchets non biodégradables que vous connaissez ?*

[5] CM1 : Cours Moyen 1ère année

A ces questions, les réponses apportées par les élèves ont été assez impressionnantes et émouvantes.

1. *Qu'est-ce qu'on appelle déchet ?*

Réponse : Les déchets sont des ordures

2. *Quels sont les types de déchets que vous connaissez ?*

Réponse : On distingue les ordures biodégradables et les ordures qui ne sont pas biodégradables.

3. *Quels sont les déchets non biodégradables que vous connaissez ?*

Réponse : Les déchets non biodégradables que nous connaissons sont : le nylon…

4. *Quels sont les déchets biodégradables que vous connaissez ?*

Réponse : Les déchets biodégradables que nous connaissons sont : le carton, les peaux de bananes, les peaux de patates.

Ensuite, une pédagogie participative et centrée sur les élèves a pu captiver ces derniers. Partant d'images présenter aux élèves sur les dégâts de la mauvaise gestion des déchets. Quelques questions introductives aux élèves ont été posés notamment :

1. *C'est quoi l'environnement ?*
2. *Est-ce que c'est bien que notre environnement soit comme nous voyons sur ces images ?*
3. *Est-ce que c'est bien de mélanger tous nos déchets dans le même bac à ordure ?*

Choisir les élèves pour répondre aux questions a été très difficile, tellement les propositions de réponses fusaient de partout avec leur voix innocentes :

1. *C'est quoi l'environnement ?*

Réponse : L'environnement c'est le milieu dans lequel nous vivons.

2. *Est-ce que c'est bien que notre environnement soit comme nous voyons sur ces images ?*

Réponse : Non madame, notre environnement ne doit pas être sal comme nous le voyons sur les images.

3. *Est-ce que c'est bien de mélanger tous nos déchets dans le même bac à ordure ?*

Réponse : Non madame, ce n'est pas bien de mélanger les ordures dans le même bac à ordure.

Après cette phase de question réponse, les trois bacs à ordures étiquetés pour le tri des déchets ont été présentés aux élèves :

- Les déchets biodégradables ;
- Les déchets non biodégradables et
- Les autres déchets.

Conscient que les élèves sont déjà au courant d'une certaine manière de la différence entre déchets biodégradables et non biodégradables, ceux-ci sont soumis à une activité pratique : « *Un bac à ordure leur est présenté avec des ordures de toute sorte mis ensemble. Il leur est demandé de prendre chacun de ses ordures et de mettre dans un bac à ordure parmi les trois bac étiquetés* ».

Cette activité a été une réussite totale et les élèves ont participés avec beaucoup d'engouement et surtout d'efficacité. C'est ainsi que plusieurs élèves ont bien pu réussir à l'activité et d'autres pas. Mais nous étions fiers de constater que lorsque certains d'entre eux n'ont pas pu réussir, ce sont toujours leurs camarades qui ont rectifié. Ainsi, au sortir de cette activité, une satisfaction particulière est de mise. Plus encore, les élèves ont pu de ce fait retenir qu'il est important de toujours faire le tri des déchets que ce soit à l'école qu'à la maison. D'autre part, ceux-ci se sont engagés à répandre cette compétence autour d'eux dans leur famille et auprès de leurs amis. C'est aves des photos de souvenir que nous nous sommes séparés.

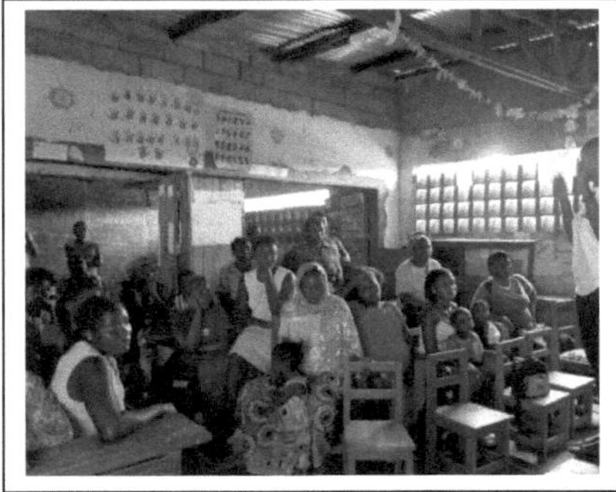

Photo 1 : rencontre avec les parents d'élèves

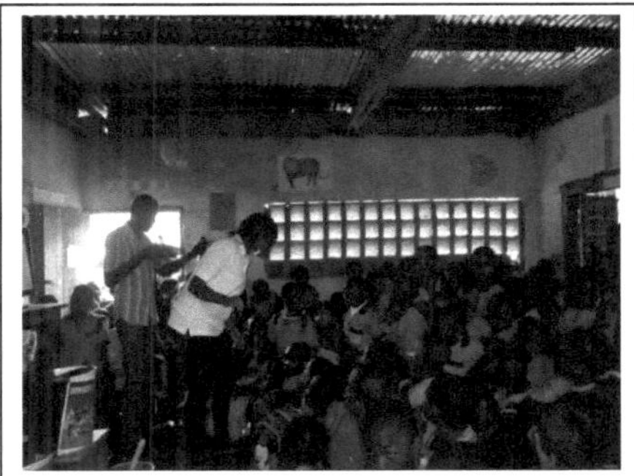

Photo 2 : activités de questions-réponses avec les élèves

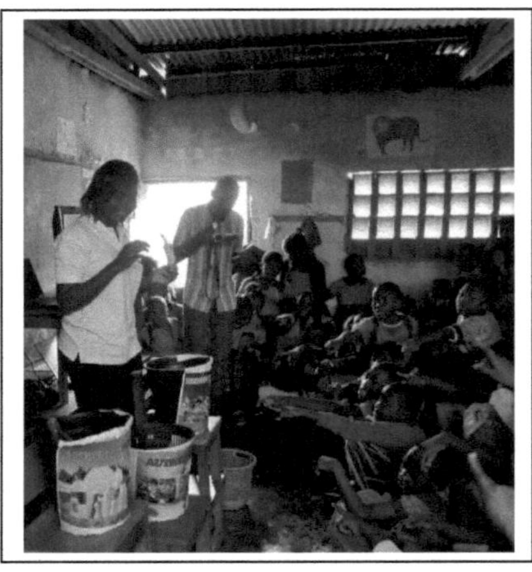

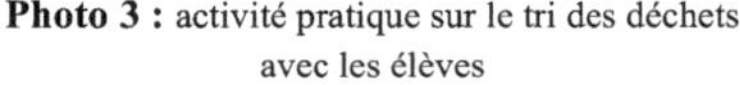

Photo 3 : activité pratique sur le tri des déchets avec les élèves

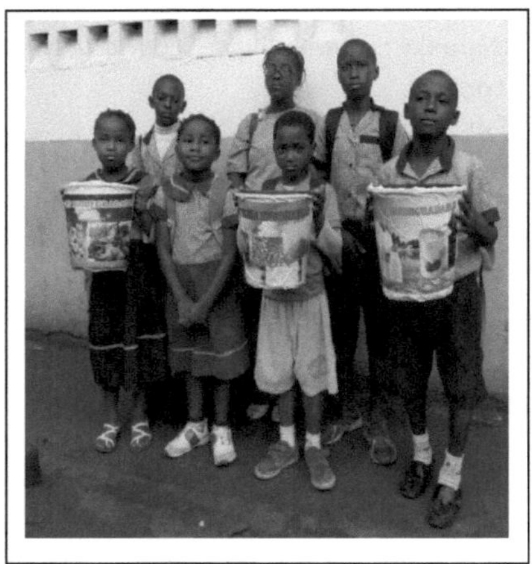

Photo 4 : présentation des 03 bacs à ordure étiquetés

La rencontre avec l'administration scolaire : après la sensibilisation sur la gestion des déchets auprès des élèves, un entretien a été fait avec Madame la directrice de l'école primaire bilingue les Poissons pour recueillir ses impressions sur ses multiples échanges qui ont eu lieu au sein de l'établissement dont elle à la charge de diriger. Ainsi, lorsque la question lui a été posé :

« *Madame la Directrice, une fois de plus nous aimerons vous remerciez pour nous avoir ouvert les portes de votre illustre établissement pour cette sensibilisation à la gestion des déchets. Quelles sont vos impressions après cette rencontre que nous avons eu avec les parents d'une part et les élèves d'autre part* » ; d'une manière joviale « *Je suis très honoré et fière que mon établissement ait été choisi pour cette sensibilisation, aussi je suis contente pour ces trois bacs à ordure que vous nous offrez pour que nos élèves au sein de notre établissement puissent effectuer efficacement le tri des déchets. Je sais donc qu'après cette rencontre, nous, nos enseignants, nos élèves, et leurs parents auront des attitudes différentes et efficace pour une bonne gestion des déchets, tout ceci pour la protection de notre environnement* ».

Dans notre société la plupart des personnes responsable de la disposition des déchets sont les enfants et les jeunes dans les ménages ; ces jeunes sont en majorité des élèves, ils représentent une bonne partie de la population ; leur sensibiliser sur les bonnes pratiques de gestion des déchets aura à long terme, un impact positif car ils sont des adultes de demain. Une bonne communication et une implémentation sur la nécessité de trier, disposer leurs déchets dans les bacs à ordure réduira de moitié les risques d'inondation fréquente dans nos villes et campagne causer le plus par les déchets (bouteilles plastiques et autre résidus alimentaire issus de nos ménages).

LA TRANSFORMATION DE LA MATIÈRE ORGANIQUE EN COMPOST

Dans le cadre de notre désir de vouloir travailler avec les agriculteurs sur la sensibilisation à la gestion des pesticides utilisés en plantation, une connaissance pratique sur le compostage était importante car étant notre proposition primaire pour réduire l'utilisation des produits chimiques en plantation. A cet effet, nous avons décidé de passer à la pratique du compostage. Le compostage est un procédé de dégradation naturelle des matières organiques, par des micro-organismes, en présence d'humidité et d'oxygène. Le compostage permet d'obtenir un amendement organique, le compost, structurant naturel nécessaire à la vie du sol et libérant lentement des éléments minéraux. Un engrais naturel qui nourrit les plantes, les rend plus saines et plus résistantes aux maladies. La pratique du compostage s'avère économique et environnementale, elle permet d'éviter l'achat et l'utilisation d'engrais chimique, voire des pesticides dans les zones agricoles, réduisant l'utilisation de pesticides, ainsi que la quantité de déchets ménagers que produit environ 100kg/personne/an et limite ainsi les coûts liés à l'élimination des déchets.

Le choix d'un mode de compostage sera fonction du volume à composter et de votre sensibilité. Cependant, quel que soit le mode choisi, quelques règles sont à appliquer :

- Le mélange des apports (déchets verts et bruns) ;
- Le brassage du tas pour l'aération et
- L'humidification du tas de compost.

Notre choix s'est fait sur le compost « *pâté chinois* » puisqu'il est constitué à la base des matériaux carbonés et azotés qui se trouvent en abondance au Cameroun. De plus sa durée est en moyenne de 03 mois (tout dépend de la quantité de la matière organique de départ). Au-delà qu'il protège la plante des maladies et constitue pour le sol une richesse en minéraux, le compost présente un atout pour les agriculteurs qui voudront faire des rotations de cultures dans leurs champs respectifs et en plus le compost permettra aux agriculteurs de réduire l'utilisation de pesticides qui ont un impact sur la santé de l'Homme et sur l'environnement. Il est possible d'obtenir un compost plus rapidement ; il faut cependant avoir une bonne quantité de matériaux diversifiés afin de monter un tas d'un seul coup et qui aura au moins 1 mètre cube. La masse de matières organiques déployées dans les bonnes proportions fera augmenter rapidement l'activité biologique. La décomposition s'effectuera donc très rapidement. Faudra s'assurer d'avoir trois ingrédients principaux pour obtenir du bon compost, et ce, en quantité suffisante. Pour une partie de matériaux verts, deux parties de matériaux bruns et une demi-partie de terre seront nécessaires. Une bonne fourche et une brouette sont aussi très utiles ! Cette méthode peut être appliquée autant à l'intérieur d'un contenant de type commercial qu'en forme de tas, directement sur le sol. Voici les étapes que nous avions utilisées :

- **Faire un nid dans le fond**

Déposer des matériaux grossiers (brindilles d'arbres séchés…) au fond d'un contenant ou directement sur le sol.

- **Méthode d'alternance des matériaux**

Prendre un récipient à volume déterminé et alterné deux récipients de matériaux riches en carbone, contre un en matériaux riche en azote. Les étages devraient avoir de 5 à 6 cm chacun.

- **Entre chaque étage : humecter**

À l'aide d'un arroseur, humecter pour obtenir la consistance d'une éponge mouillée et essorée.

- **Entre chaque étage : ajouter un activateur**

Ajouter une mince couche de terre, de fumier ou de compost, ceci servira d'activateur naturel.

- **Monter le tas**

Répéter les étapes 2, 3 et 4 jusqu'à ce que le bac soit plein ou que le tas atteigne une hauteur de 1 mètre.

- **Sceller le tas**

Sceller le tas avec une couche de terre ou de la paille en prenant soin de bien recouvrir partout. Pour la méthode en contenant : bien refermer le bac.

- **Entretien du tas**

Aérer le tas tous les 7 à 10 jours et arroser au besoin. Effectuer un retournement complet par semaine accélérera davantage le processus.
Nous avions obtenu notre compost au bout de 04 semaines, ensuite, nous avions fait des tests physico-chimiques et biologiques analysé au laboratoire du sol à l'IRAD[6], ou l'humidité exprimée en pourcentage est de 4,932, suivi du résultat de la matière

[6] IRAD : Institut de Recherche Agricole pour le Développement, assure la recherche scientifique et la promotion du développement agricole sur l'ensemble du territoire national (Cameroun), souvent en partenariat avec d'autres institutions étatiques, régionales et internationales.

organique en g/kg (Mat Org (g/kg) = 93,542) avec celui du carbone organique (C Org (g/kg) = 54,259) et de l'azote totale (N total (g/kg) = 5,804). De ceux-ci, l'on déduit le rapport C/N = 9.348. D'après la littérature, le rapport C/N ou rapport carbone sur azote est un indicateur qui permet de juger le degré d'évolution de la matière organique, c'est-à-dire de son aptitude à se décomposer plus ou moins rapidement dans le sol (C/N du sol est proche de 10), sachant qu'au dessus de 12, le carbone est en excès (sols acides, humides et/ou climat froid).

Notre rapport C/N proche du rapport C/N = 10-12, indiquant une bonne activité biologique des sols eutrophes dans l'arrondissement de Njombé-Penja (fait parti de l'une de notre zone d'étude), d'après le rapport consolidé des données des diagnostics de Penja ; ceci permet de conclure que, notre compost, étant inférieur à 15 (C/N < 15) (l'azote est libéré sous forme d'ammoniac) signifie qu'il y'a une production d'azote avec augmentation de la vitesse de décomposition.

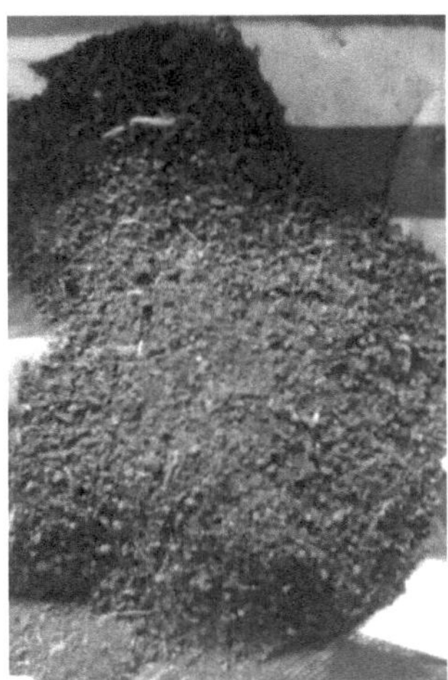

Image 1 : compost obtenu et analysé à l'IRAD

Le processus de compostage utilisé, a été enseigné aux agriculteurs, afin qu'eux même puissent produire leur compost, ce qui réduira la quantité d'engrais chimiques et de pesticides qu'ils utilisent dans leur plantation.

Nous assistons à plusieurs cas de maladies causés par l'utilisation de pesticides, sensibiliser ; informer et former ont été nos objectifs auprès d'eux afin d'éveiller davantage leur conscience, de promouvoir l'utilisation d'EPI (Équipements de Protection Individuelle) et de mettre l'accent sur l'utilisation du compost.

SENSIBILISATION DES AGRICULTEURS SUR L'UTILISATION DES PESTICIDES/ ENGRAIS CHIMIQUE ET FORMATION SUR LE COMPOSTAGE

Les pesticides font actuellement l'objet de préoccupation mondiale. En effet, le nombre de maladies et de décès liés aux pesticides ne cesse de croître. Actuellement, plusieurs personnes contractent, chaque année, une maladie chronique telle que les cancers suite à une exposition à des pesticides. De nombreux décès accidentels et des millions d'empoisonnements liés aux pesticides sont annuellement recensés (PAN Africa, 2003). De même, une étude de l'Organisation Mondiale de la Santé (OMS) et des Nations Unies avait révélé une croissance de certaines maladies, chez les enfants, liée à l'exposition aux produits chimiques dangereux. Parmi ces maladies, l'étude cite l'asthme, les malformations congénitales, l'hypospadias, anomalies comportementales, incapacités d'apprentissage, autisme, cancer, dysfonctionnement du système immunitaire, perturbations neurologiques et troubles de la reproduction. La *loi Camerounaise n° 2003/003 du 21 Avril 2003 portant protection phytosanitaire* définit le pesticide comme toute substance ou association de substances destinées a repousser, détruire ou combattre les ravageurs, les vecteurs de maladies et les espèces indésirables de plantes ou d'animaux causant des dommages ou se montrant autrement nuisibles durant la production, la transformation, le stockage, le transport ou la commercialisation des produits alimentaires, des produits agricoles, du bois et des produits forestiers non ligneux.

Les pesticides peuvent être dommageables pour la santé et l'environnement à cause de leur toxicité, notamment chronique en cas de persistance et d'accumulation dans les tissus organiques. Ils risquent également d'être inefficaces contre les ravageurs ou les maladies cibles, avec pour conséquence un excès d'applications et une augmentation des couts, mais aussi des pertes de cultures et même de vies humaines. En outre, les ravageurs risquent de développer une résistance aux pesticides aggravant ainsi le problème. Enfin, leur emploi peut représenter un danger accru pour les utilisateurs et pour l'environnement. Ces pesticides/ produits chimiques sont fortement utilisés en plantation et surtout dans les zones agricoles à l'exemple Njombé-Penja qui fait parti de l'une de notre zone d'étude.

Njombé-Penja est situé dans le département du Moungo dont les terres d'origine volcaniques sont très fertiles, est une grande zone agricole de la région du littoral. En plus de l'agriculture de subsistance pratiquée par la population, plusieurs plantation agro-industrielles y sont implantées et cultivent entre autres la banane dessert, les ananas, le palmier à huile, le poivre blanc, etc. En plus des cultures de rente telles que le café, le cacao, d'autres cultures telles que les fruits (papaye solo, citron, mangues, oranges, etc.), les tubercules et les légumes, etc., appartiennent aux paysans. En plus de la papaye, le plantain fait partie des cultures vivrières qui génèrent des revenus assez substantiels aux paysans et commerçants. Bien évidemment l'agriculture pratiquée dans cette zone exige l'utilisation de fertilisants et pesticides pour protéger les cultures contre les maladies et ravageurs. Les produits agricoles sont désormais suspectés de porter quelques résidus de pesticides ; les agriculteurs se servent des pesticides pour tuer les infections dans leurs exploitations. Faute de moyens ils ne prennent pas toujours toutes les précautions de protection et s'exposent ainsi à la contamination. Les ménages utilisent souvent des emballages de pesticides pour divers usages (conservation de l'eau à boire, du repas pour le champ…).

Nous sommes en 2015 où une première descente sur le terrain dans l'arrondissement de Njombé-Penja avait été faite dans le but, d'effectuer un état des lieux. Sur le terrain, nous avions listé les différents groupes associatifs d'agriculteurs et les agriculteurs évoluant indépendamment dans la zone ; rencontré des responsables administratifs (le sous-préfet, le délégué de l'agriculture et le chef service technique de la Mairie) ; des chefs de quartiers ; plusieurs institutions agricoles, à l'exemple de l'IRAD où deux responsables avaient été rencontré :

- **Le chef de la Station Polyvalente de Recherche Agricole-Njombé :** l'IRAD est la plus vieille station agricole du Cameroun qui a subit plusieurs modifications au fil du temps. C'est un centre de recherche qui compte cinq entités pilotes de valorisation de la recherche : papaye-solo ; fruitiers divers ; pépinières centrales de production des plantes ; bananiers-plantains et manioc. Les pesticides utilisés sont les fongicides, les insecticides et les herbicides dont le mode opératoire est le même, cependant les cibles sont différentes.

Une visite nous avait été offerte afin que nous voyions de prêt les réalisations de l'IRAD sur le terrain.

- **L'Attaché de recherche à la station polyvalente de recherche agricole de Njombé sur le projet IRAD C2D Manioc :** la visite avait commencé au centre de pépinière de Njombé où les greffeurs nous ont montré les différentes étapes d'un greffage de l'espèce mandarinier. Pour nous, il était question de soulever le problème de l'utilisation des pesticides lors des étapes de ce greffage. Ces greffeurs reconnaissent qu'ils utilisent surtout les fongicides et un peu d'insecticides. Or, du fait que le centre de pépinière de Njombé reste un centre de recherche, les quantités de produits phytosanitaires utilisées sont très réduites. Dans ces mots, le responsable était très satisfait de la sensibilisation sur l'impact de l'utilisation des pesticides car il est important de savoir que de tant en tant des personnes veillent à les rappeler les dangers néfastes de l'utilisation des pesticides.

Enfin, nous avions fait le tour du domaine de l'IRAD où des explications nous avaient été données sur l'utilité de la rotation des cultures pour éliminer les agents pathogènes et a augmenter les rendements des prochaines récoltes.

Ensuite, nous avions rencontré les responsables d'associations des agriculteurs :

- **Les écoles paysannes**

L'École paysanne est une école qui forme les agriculteurs sur les méthodes et les aptitudes à adopter pour améliorer les cultures et de les prévenir contre les maladies ravageurs des plantes. Ainsi, elle est organisée en groupement d'au moins 30 agriculteurs. A la tête de chaque école se trouve l'enseignant généralement appelé « *le facilitateur* ». Cette idée découle du chef suprême de BONADAM, sa Majesté DISSAKE qui souhaitait venir en aide à ses sujets agriculteurs pour que leurs produits agricoles ne se fassent plus refuser sur le marché national et international. L'école se déroule deux fois chaque mois entre 07h30 et 11h dans un champ d'essai de cacao, l'ordre du jour est défini et respecté et les rapports techniques sont élaborés et envoyés au bureau du *MINADER*[7].

Nous avions assisté à une séance de cours avec le facilitateur de l'école paysanne solidarité situé à Njombé, accompagné de ses élèves, les agriculteurs. La séance commence par un ordre du jour bien élaboré et bien précis. Après la prière, la première phase est la phase d'information générale ; la seconde est la phase de l'AESA (Agro Ecosystem Analysis) où tous les planteurs s'organisent pour faire des séances pratiques et noter les résultats dans les champs d'essais de cacao et la troisième phase est un thème choisi pour la sensibilisation et l'information sur les différents produits à prendre en considération pour garder leurs cultures saines. Nous avions intervenu durant la troisième phase, une présentation de notre présence appuyé de la sensibilisation sur l'impact lié à l'utilisation des pesticides et la formation sur le compostage, très intéressé, les échanges et questions ont fait débat et ceux-ci nous a permis de comprendre que plusieurs agriculteurs aimeraient arrêtés l'utilisation de pesticides qui non seulement sont couteux mais aussi sont source de migraine et maux de tête qu'ils vivent au quotidien, l'apport d'un engrais naturel comme le compost sera économique et sain.

Nous étions également à une autre séance de cours à l'école paysanne Avenir et à l'école paysanne de Bonandam toutes deux situés à Njombé, suivant les mêmes étapes que celui de l'école paysanne Solidarité. Nous nous étions présentés et avions parlés des différentes techniques que nous allions pratiquer avec les agriculteurs lors de notre prochaine venue. Nos objectifs sont de réduire l'utilisation des pesticides en

[7] MINADER : Ministère de l'Agriculture et du Développement Rural - Cameroun

plantation ; de participer à la protection de l'environnement et de réduire l'impact sanitaire liés à l'utilisation de pesticides.

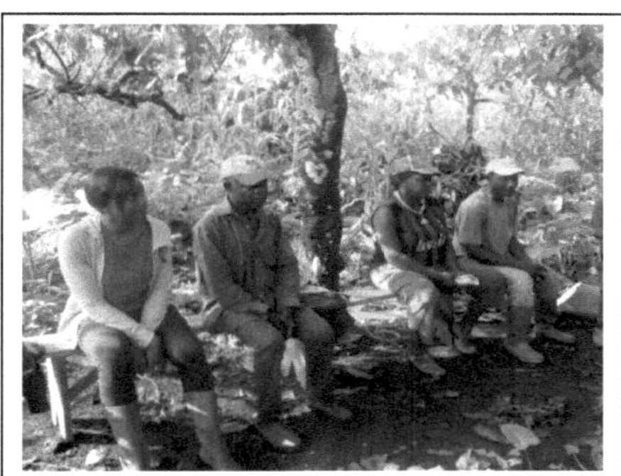

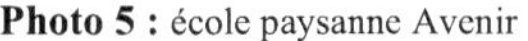

Photo 5 : école paysanne Avenir

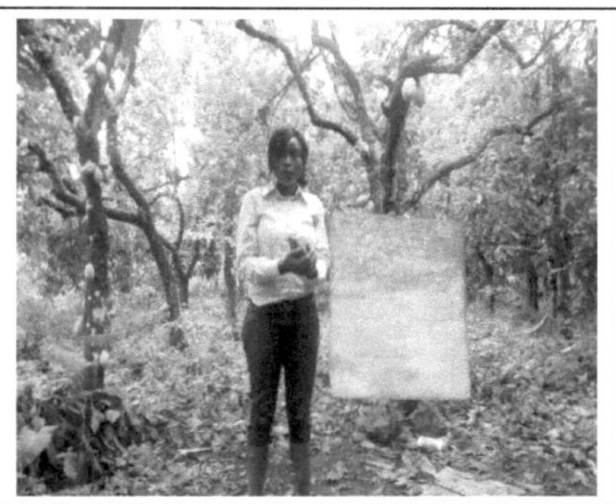

Photo 6 : présentation du projet à l'école paysanne la Solidarité

- **Une rencontre avec le directeur exécutif, secrétaire exécutif de l'IG poivre de Penja (IGPP)**, travaillant avec plus de 200 agriculteurs de poivre blanc à Penja dans le but que ce poivre ne contient pas de résidus de pesticides et que le produit soit fiable à 100% pour la consommation, a sollicité que ces agriculteurs (membre de IGPP) puissent bénéficier de la sensibilisation sur l'impact lié à l'utilisation des pesticides et la formation sur le compost, car très important pour ces derniers et pour la protection de l'environnement.

Nous avions également rencontré des agriculteurs évoluant indépendamment (n'appartenant pas à une association agricole) ; parmi ceux-ci, nous avions eu des entretiens avec des grands producteurs de banane, de poivre blanc et d'ananas. Un entretien s'est fait avec eux pour la sensibilisation sur l'utilisation des pesticides en plantation, pour eux, il sera difficile de réduire son utilisation malgré les dangers qu'ils procurent ; pour le moment, son utilisation est indispensable mais ils feront l'effort de le réduire et se lancer dans le compostage à grande échelle pour leur culture. Des rendez-vous avaient été prisent pour notre prochaine descente sur le terrain durant lequel, une formation sera faite avec leur agriculteur sur le compostage.

CHAPITRE 2 : Mon envol

Nous sommes toujours en 2015, je décide de me concentrer dans la ville de Penja et également dans certains villages environnants, dont Bouba Penja et Bouba. Cette deuxième descente était beaucoup plus pratique car il s'agissait de sensibiliser les agriculteurs sur l'utilisation des pesticides avec en appui, une fiche de questionnaire afin d'avoir un avis de chaque agriculteur sur ses connaissances et son vécu ; par la suite, une séance pratique sur le compostage ; enfin, une planification sur le suivi avec les leaders de groupe et responsable associatif.

Elle s'était déroulée durant une période d'un mois afin de respecter le chronogramme établi et de mieux progresser dans le travail. 150 agriculteurs ont bénéficié de cette campagne, dont 100 évoluant en association et 50 évoluant indépendamment. Le travail avec les 100 agriculteurs évoluant en association était réparti en quatre groupes suivant un programme précis, car évoluant dans différentes associations et pratiquant différentes cultures. La sensibilisation et le remplissage des fiches ont été le premier volet du travail avec explication à l'appui des différents mots clés et réponses aux questions. Enfin, la formation sur le compost avec pour support, un guide pratique du compostage attribué à chaque participant/ agriculteur suivi des explications et réponses aux questions afin de passer à la pratique du compost qui s'était faite de façon participative.

- **Premier groupe :** une école paysanne constitué de 28 agriculteurs ; pendant 1h30min, il y'a eu des échanges très bénéfiques sur les impacts liés à l'utilisation de pesticides ; ensuite le remplissage de la fiche de questionnaire faites par les participants et le facilitateur ; enfin, la formation sur le compost. Le guide pratique du compostage avait été attribué à tous afin de mieux suivre les explications données et facilité le processus. Après cette phase pratique sur le compostage, plusieurs questions avaient été posé par les agriculteurs à savoir : « *si l'on veut obtenir une tonne de compost, quelle quantité de déchets ménagers doit-on avoir ? Peut-on faire du compost à la maison ? Est-ce que lors de la décomposition des déchets, y'a des odeurs nauséabondes ?* ». Des informations techniques sur la quantité de matière organique de départ et la quantité moyenne de compost que l'on obtient après transformation leur ont été donné (équilibre de masse), aussi des explications sur les autres questions ont été apporté.
- **Deuxième groupe :** a réuni différents associations, groupement et écoles paysannes ; 20 étaient présents ; le même programme avait été respecté comme celui du premier groupe. Ici la pratique du compostage a pris plus de temps, car l'apport en matière organique était important.

- **Troisième groupe :** a été une rencontre spéciale, car il y'avait la présence de plusieurs facilitateurs de différentes écoles paysannes de Njombé, de Penja et des villages voisins afin de voir l'évolution des agriculteurs pour mettre d'autres stratégies sur pied concernant certaines difficultés rencontrés dans leur plantation. Ils étaient aux nombres de 34. Premièrement j'ai été introduite pour une brève présentation de ma présence parmi eux ce jour, ensuite le même travail effectué avec les autres groupes s'était fait avec une bonne collaboration des facilitateurs et des agriculteurs. Une très belle ambiance ce jour, j'ai beaucoup appris de cet environnement et le travail de fonds fait par ces derniers.
- **Quatrième groupe :** a réuni plusieurs agriculteurs, au nombre de 18, les activités se sont déroulées dans un cadre divertissant accompagné de quelque leader de groupe très actif.

Un control et suivi du compostage pratiqué avec les agriculteurs avait été fait durant une période de quatre mois afin d'évaluer les résultats obtenus. Parmi les 04 groupes, 02 ont pus obtenir du compost, les autres ce sont plein des pluies.

La sensibilisation suivi des enquêtes et pratique du compostage s'étaient également faite auprès de 50 agriculteurs évoluant indépendamment. La stratégie de terrain à ce niveau était de se renseigner auprès de certains chefs de quartier qui nous avaient guidés et par la suite, une porte à porte s'était faite de préférence en après midi et la journée du Dimanche pour espérer leur rencontrer. La majorité avait été ouverte sur le sujet et le compostage avait été pratiqué soit avec leur employé (pour les grands producteurs), soit avec leur enfant, qui par la suite leur transmettra ces connaissances.

Après nos différentes activités, nous avions notés les avis de quelques responsables, à savoir :

- **Délégué agricole de l'arrondissement de Njombé-Penja :** l'une de nos missions est l'amélioration des conditions de vie de la population. Ce projet que nous sommes entre de mener vient dans cette logique et minimise les dépenses de l'agriculture (engrais chimiques et pesticides). L'avantage du compost est qu'il n'a pas d'effet secondaire car réaliser naturellement avec des déchets riches en azote et en carbone, l'on peut dont en mettre une grande quantité dans nos champs sans se soucier comme le cas de l'engrais chimique.
- **Chef du quartier de Bouba Penja :** très bonne initiative ! Cela a permis à certains agriculteurs de Bouba Penja de faire une différence théorique entre les pesticides, les engrais chimiques et le compost. La production du compost pratiqué avec l'experte a été d'un grand enseignement, mais je ne peux pas en dire plus sur son avantage, car je ne l'es jamais utilisé. Quand nous obtiendrons

le compost avec la pratique qui a été faite, je pourrai évaluer son utilité et connaître de façon pratique ce qui le distingue des engrais chimiques et des pesticides.

- **Délégué agricole de l'IG Poivre de Penja et facilitateur à l'école paysanne de Bouba :** le cheminement, la conception et la méthode sur la sensibilisation concernant les pesticides et les impacts sanitaires et environnementaux liés à l'utilisation des pesticides, peuvent déjà largement aider les agriculteurs sur les avantages et inconvénients de son utilisation en plantation. Concernant les inconvénients sur l'utilisation des pesticides, ils sont nombreux, notamment la santé et pollue l'environnement. Ce qui doit orienter les agriculteurs à l'apprentissage du compost, très bien réussi par notre experte qui a élaboré un guide simple et explicite sur le compostage suivi d'un exemple pratique. Avec cette formation, les agriculteurs pourront réduire l'utilisation de pesticides et engrais chimiques, ce qui contribuera à une protection durable de l'environnement et à la réduction des maladies liés à la manipulation des pesticides en plantation et souvent à la maison après utilisation.

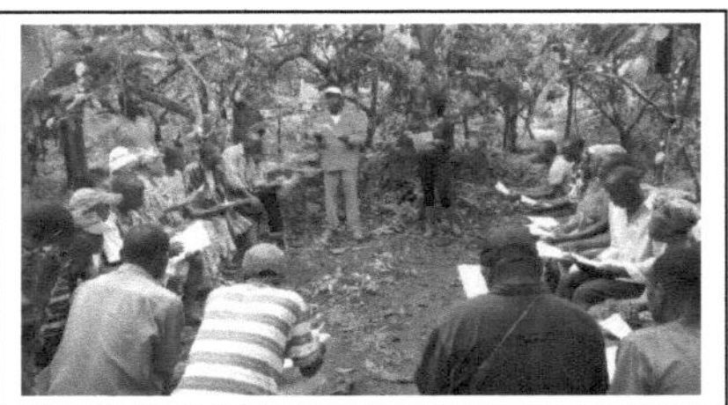

Photo 7 : groupe 1, instant de sensibilisation sur les impacts liés à l'utilisation des pesticides

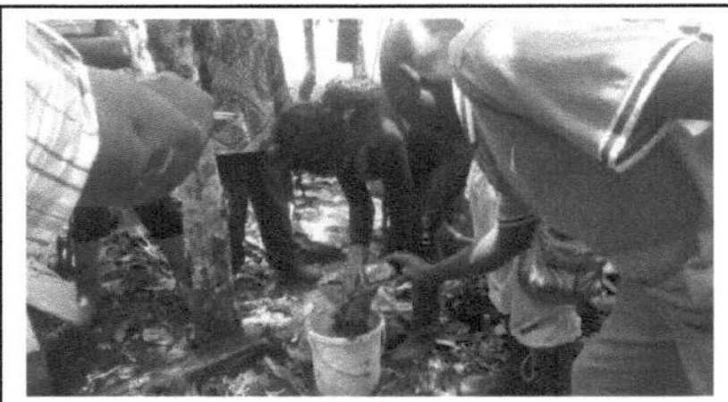

Photo 8 : groupe 2, pratique du compostage avec la participation des agriculteurs

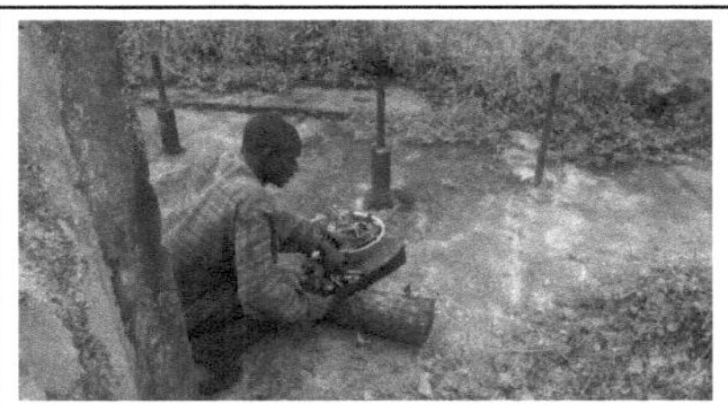

Photo 9 : groupe 4, découpage de la matière organique pour la mise en tas - pratique du compostage

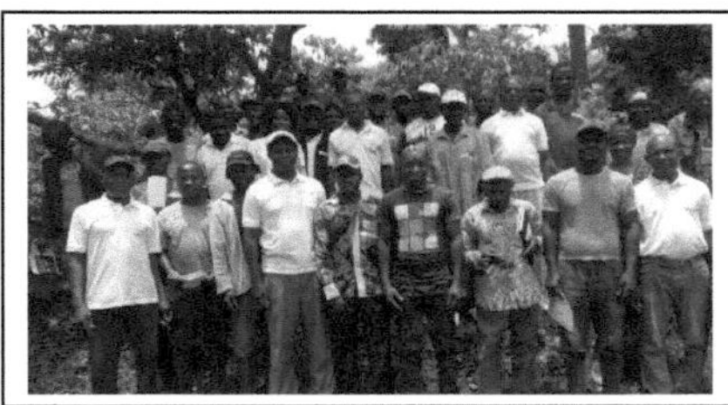

Photo 10 : groupe 3, photo de famille prise à la fin des activités

Les données d'enquêtes collectées ont été analysées sur Excel. Les résultats ont été résumés et restitués afin d'avoir une estimation quantitative sur les réalités de terrain. On note sur notre échantillonnage, que les agriculteurs pratiquent plusieurs cultures (cacao, poivre blanc, banane, plantain, agrumes, tubercules, légumes…) sur de grandes superficies, ces cultures rencontrant certains problèmes (nuisibles, maladies des plantes…), ils utilisent les pesticides pour remédier à ceux-ci. Cette utilisation, qui pour la plupart est excessive, entraine des impacts sanitaires chez les agriculteurs et environnementales.

Les principaux signes et symptômes ressentis après manipulation des pesticides par les agriculteurs, ne répondent pas de la même façon. Certains peuvent être plus sensibles que d'autres lors de l'exposition à un pesticide. Par ailleurs, une même personne peut réagir différemment d'une exposition à l'autre. Les signes ou symptômes les plus souvent rapportés après une exposition aux pesticides sont, les céphalées, nausées, vomissements, étourdissements, fatigue, perte de poids, perte d'appétit et irritation cutanée ou oculaire ; ils ont souvent également des crampes abdominales, diarrhée, nervosité, trouble de vision et difficultés respiratoires. Tous ceux-ci sont liés non seulement à une utilisation abusive des pesticides afin que la quantité du produit attendu soit respecté ; mais aussi à une mauvaise manipulation des pesticides au cours de laquelle les conditions de pulvérisations ne sont pas respectés (heures de pulvérisation et port des équipements de protection individuelle).
60% des adultes sont les plus touchés par les problèmes de santé ci-dessus liés à la manipulation de pesticides, car la majorité travaillant au champ sont les adultes ; 21% des adolescents et 19% des enfants sont également affectées par ces problèmes sanitaires.

Concernant les impacts environnementaux, les agriculteurs se demandent alors, si après tant d'années d'utilisation de pesticides dans la zone, les sources d'eau et le sol ne seraient pas déjà contaminés. Que se passe-t-il lorsqu'après pulvérisation des pesticides, les eaux de pluie lessivent ces produits et les résidus d'emballages jetés généralement à même le sol par les agriculteurs pour les déverser dans les cours d'eaux/ les rivières qui sont utilisés par certaines populations et consommé également par les animaux domestiques. Voilà autant de questions qu'ils se posent. Seule l'analyse de l'eau pourrait apporter une réponse satisfaisante à ces questions.

L'utilisation des pesticides n'a pas seulement une conséquence sur l'eau, mais aussi sur le sol ; les agriculteurs étant conscient de ce phénomène, on pris pour résolution d'effectuer des rotations de cultures. Un recensement du nombre d'agriculteurs faisant dans la rotation des cultures a été faite et ils s'avèrent que 80% en moyenne des agriculteurs effectuent des rotations de cultures (une technique agricole qui consiste à diversifier dans le temps la succession des cultures). L'alternance des cultures dans le

temps à plusieurs objectifs. Elle permet d'abord de se prémunir de problèmes parasitaires. En effet certains parasites, maladies ou mauvaises herbes sont spécifiques des cultures. Le retour trop fréquent d'une même culture dans le temps peut renforcer leur présence et rendre plus difficiles les moyens de lutte. Selon les cultures, le délai de retour conseillé peut varier de 2-3 ans à plus de 5 ans.
Ce choix a été expliqué avec des témoignages, en somme, l'utilisation intensive des pesticides est la cause de l'appauvrissement du sol. Lorsqu'ils s'hasardent à cultiver sans pesticides pour protéger les cultures, le rendement est faible. Compte tenu de la situation, les agriculteurs estiment être condamnés à utiliser les pesticides sans lesquels les rendements ne seront plus satisfaisants ; alors qu'auparavant, même en plantant sans intrants, ils obtenaient toujours de bons rendements. D'autre part, les maladies des plantes prolifèrent de plus en plus et sont devenues plus résistantes, ce qui les oblige à acheter les pesticides pour protéger leurs cultures, augmentant considérablement le coût de production.

Pour éviter tous ces risques sur la santé et l'environnement liés à l'utilisation des pesticides au champ/ plantation, les agriculteurs ont acquis des connaissances sur l'adoption des aptitudes sécuritaires lors de son utilisation et de le réduire également par l'adaptation à un engrais naturel, le compost. Malgré le manque de connaissance sur le processus de fabrication du compost, les agriculteurs étaient conscients de son importance, car 89% confirmaient que le compost participe à la fertilisation du sol, d'où l'importance de connaitre comment on le réalise. A cet effet, 98% aimeraient apprendre à faire du compost car augmente également la production agricole et ne présente aucun risque sanitaire contrairement à l'engrais chimique qui est toxique. Une comparaison entre l'engrais chimique et le compost avec justification à l'appui avait été souligné lors des enquêtes, où 80% des agriculteurs préféraient le compost car économique, naturel, ne pollue pas et augmente la production agricole ; contre 20% qui optaient pour l'engrais chimique car facile à trouver et à utiliser, se vend au marché et à une croissance rapide de la production agricole.

Après mon départ, un suivi avait été fait durant 03 ans, où j'ai gardé le contact avec les associations d'agriculteurs et quelques agriculteurs évoluant indépendamment, la majorité sont restés respectés les règles de sécurité sur le port des *EPI*[8] pendant l'utilisation des pesticides et une minorité, a continuer avec la pratique du compostage et utiliser le compost comme engrais. Des retours ont été faits sur son efficacité mais se plaignent du temps de réalisation du compost avec une grande quantité de matière organique.

Nous concluons que cette zone agricole devrait avoir à son actif un centre industriel de compostage pour valoriser l'utilisation de l'engrais naturel, compost en milieu

[8] EPI : Équipement de Protection Individuelle

agricole. La sensibilisation sur l'utilisation de pesticides et engrais chimiques par l'application du port des EPI lors de la manipulation de ces derniers et les impacts causés par ceux-ci doit être implémentée dans toutes les zones agricoles au Cameroun, la valorisation du compost en milieu agricole doit être incontournable.

En été 2015, j'ai terminé mon travail de terrain sur la sensibilisation à l'utilisation des pesticides et la formation sur le compostage ; le travail accompli suivi des témoignages était satisfaisant, certes il y'a beaucoup à faire, mais l'éveil de conscience sur ce sujet était un grand pas. L'expérience acquise auprès des partis prenants était magnifique. Très motivé des efforts fournis et du travail accompli, je n'en reste pas là, les conseils, recommandation, perspective et critiques étaient au rendez-vous, je dois continuer car la passion m'anime.

Sur le chemin de ma passion, j'ai rencontré en 2016 durant ma participation à plusieurs événements des jeunes qui m'ont captivé, parmi lesquels, certains partageant ma vision professionnelle, dont je pouvais parler de mes projets aisément. Leur rencontre m'a permis de participer à différentes activités de leadership et des nouvelles formations en ligne, qui m'avaient motivé, inculqués l'innovation dans mes projets et mes actions avec un plus, l'esprit de leadership qui s'était développé. « *Malgré qu'il était déjà présent, car il était visible au travers de mes actions sur le terrain ; mais ici, je le découvrais de façon instructive, comme une école* ».

« *J'aimerai préciser, quand on veut avancer dans la réalisation de nos objectifs, nos fréquentations ont un grand impact, raison pour laquelle, nous devons cheminer avec ceux partageant la même vision que nous* ».

Tous Ceux-ci me boostent et me permet d'être intègre dans la société, de faire parti des associations/ONG ; de participer à des activités communautaires (protection environnementale, éducation à la jeune fille et femme, actions humanitaires, campagne sanitaire, etc.) dans plusieurs villes au Cameroun ; d'être bénévole ; de faire valoir mes compétences gratuitement (car tout n'est pas qu'une question d'argent) et d'acquérir avec le temps une confiance en soi qui ne me quittera plus.

Plusieurs personnes de mon entourage avaient observé mon dynamisme, mon activisme, mon implication dans les actions de développement, mon engagement comme bénévole/ volontaire et ont été curieux de savoir ce qui m'anime et me motive de faire autant d'activités qui ne sont pas rémunéré et dans laquelle j'utilise encore mes revenus pour les réaliser. Malgré toutes les explications que je pouvais donner, l'engagement naturel qui me guide, plusieurs ne comprenaient pas ! C'est parfois difficile pour eux à digérer de voir une association d'activité sans revenu ! Seul un passionné, quelqu'un du même environnement pourrait comprendre sans trop d'explication, mais combien sont-ils en cette période !

Irrité par tous ceux-ci, j'en avais parlé autour de moi et j'avais reçu un conseil clé qui a été une motivation pour moi jusqu'à ce jour : quand on a reçu cette capacité de compréhension étant jeune, nous avons le devoir de le transmettre aux autres, pour qu'ils ne se retrouvent pas perdu dans le développement qui s'opère chaque jour. Le développement passe par les jeunes et pour se faire ils doivent être actif, osé mettre en place des actions qui ont/ auront un impact dans la société, dans l'environnement et ceux des générations futures. La majorité d'eux ne pourront le faire sans être informé, sensibilisé et accompagné professionnellement ; tu as donc ce devoir à faire.

De ce fait, je suis approché par une association pour être conseillère et par la suite volontaire au poste de coordinatrice de projet. L'association SE2, promu la santé, l'éducation et la protection de l'environnement en milieu scolaire. Nous sommes en 2017, quand le fondateur de cette organisation à but non lucratif a entendu parler de mon engagement à la protection de l'environnement et mon statut d'environnementaliste, ayant à son actif plusieurs jeunes élèves, il veut relever les défis des impacts environnementaux qui nuisent notre milieu de vie cause d'une part du manque d'information. Afin de mettre en pratique ces idées, je deviens la coordinatrice de projet avec comme première activité, la collecte des déchets de papiers en milieu scolaire qui par la suite seront recycler par une entreprise spécialisée dans le domaine.

Le papier (du latin *papyrus*) est une matière fabriquée à partir de fibres cellulosiques végétales et animales. Il se présente sous forme de feuilles minces et est considéré comme un matériau de base dans les domaines de l'écriture, du dessin, de l'impression, de l'emballage et de la peinture. Il est également utilisé dans la fabrication de composants divers, comme les filtres. L'histoire du papier remonte à l'Antiquité. Le papier porteur d'un message le plus ancien connu à ce jour date de l'an -8 et nous vient de Chine. Le processus de fabrication du papier n'a pas changé depuis cette époque. Il se fait en deux étapes : la désintégration de la matière première dans l'eau afin d'obtenir des fibres individuelles suspendues et, la formation de feuilles feutrées lorsque cette suspension est disséminée sur une surface poreuse et adaptée, à travers laquelle l'eau peut s'égoutter. Depuis peu, la production de papier, secteur dans lequel le premier pays au monde est les États-Unis, pose un problème environnemental, aggravé par le fait que la consommation de papier continue à croître. Des solutions existent, comme le papier recyclé. Cette solution n'est cependant pas parfaite, car, en plus de consommer une quantité d'énergie considérable, la production d'une quantité donnée de papier recyclé nécessite une quantité de papier usagé plus importante de 10%. (*Techno-Science. Net*). Fort de constaté de plus en plus de papier utilisé de nos jours, ils génèrent des déchets dans tous les domaines d'activités et même dans les ménages, son existence souvent négligés, nous devons le rappeler et l'importance de le recycler car lui aussi est polluant et toxique vu sa composition. Les déchets qu'ils génèrent doivent entrer dans le processus de l'économie circulaire pour protéger l'environnement et prévenir sa rareté qui pourrait se faire ressentir avec le temps. Il est donc impératif de sensibiliser les différentes couches sociales sur la gestion des déchets de papier. Dans notre cas, nous avions travaillé sur la sensibilisation des déchets de papiers en milieu scolaire à Yaoundé par sa collecte qui par la suite avait été recyclé.

La méthodologie de la collecte des déchets de papiers était simple, il s'agissait d'informer les responsables des établissements du dit projet, de son importance et des avantages qui y sont liés. Collecter les déchets de papier en milieu scolaire qui deviennent encombrant car trop de paperasse, laisse les bureaux sens dessus dessous, plusieurs endroits dans certains établissements sont envahis par ces déchets et généralement ils sont brûlés. Avec tous ces composantes tel que l'encre, il pollue l'air et nuis aux élèves et toutes autres personnes fréquentant l'établissement ou le voisinage.

Une fois les déchets de papier collectés, ils étaient transportés au site de stockage dont le responsable avait à sa charge de les acheminés à l'entreprise spécialisé dans le recyclage. Durant 03 mois, nous avions réalisés cette activité qui au départ, il y'avait des difficultés au niveau de la communication, car pour la majorité des responsables d'établissements, certains documents sont importants et ne peuvent pas être disposés simplement ainsi, ils doivent être éliminé à l'immédiat, dont brûlés. Nous avions donc pensé à acquérir une machine de déchiquetage des déchets de papier dans les années à venir pour résoudre cette inquiétude qui est tout à fait logique. Quant aux élèves, certains avaient peur de ramener leurs déchets de papier de la maison ou des anciens cahiers qui ne servent plus ; d'autres n'avaient pas de soucis à cela. Une moyenne de 100 kg avait été collectée, malgré l'arrêt du projet, on note qu'il faudra sensibiliser sur la gestion de ces déchets autour de nous que l'on simplifie généralement.

Après la collecte des déchets de papier en milieu scolaire, nous avions évolué avec l'éducation à l'environnement, sensibilisation des élèves du secondaire du complexe scolaire international la Gaieté sur l'adaptation aux gestes éco responsables en milieu scolaire. Il est situé dans l'arrondissement de Yaoundé 1, à la nouvelle route Bastos. Cette activité s'était déroulée en deux étapes, des causeries éducatives et une activité de nettoyage. En 01 mois, nous avions procédé comme suit :

- Causerie éducative avec les élèves d'Enko la Gaieté sur l'importance de protégé son environnement. Des exemples en appui ont été cité dans le cadre de l'école et de la maison, cultiver des habitudes éco responsable : jeter les déchets dans les bacs appropriés tout en étant un transmetteur de cette action ; organiser des campagnes de nettoyage aux alentours de notre milieu de vie et utiliser les réseaux sociaux comme un moyen de véhiculer le message sur les bonnes pratiques de protection de l'environnement. Les échanges étaient attractifs et la curiosité des élèves ont prolongés le débat vers d'autres solutions écologiques.

- Causerie éducative avec les élèves du collège la Gaieté : nous avons échangé sur la question des déchets dans notre milieu de vie, avec des instants questions-réponses sur sa définition, les différents types de déchets, la méthode 3R (Réduire-Réutiliser-Recycler) et de la collecte à son recyclage. Des différentes solutions de recyclage ont été expliqués, à l'exemple du compost dont eux même peuvent l'appliquer à la maison pour l'utiliser dans leur jardin et réduire la quantité de déchets dans les décharges ; je n'ai pas manqué de leur expliquer le guide de production du compost.

A la fin de nos échanges, nous avions programmé la journée de nettoyage, elle devait avoir lieu, en face de Tradex Bastos et devant le collège la Gaieté qui regorgeait des caniveaux remplis des déchets. Il a eu lieu un Dimanche, regroupant une 20éne d'élèves engagés et tous munis de leur équipement de protection individuel. L'activité avait débuté à 7h et s'était achevé à 11h 30min. Ils avaient pu affrontés les odeurs malgré le port du cache nez ; le travail s'est fait dans une ambiance bon marché avec plusieurs questionnements et compréhension suite aux dégâts causés par la présence des déchets dans les rigoles/ caniveaux. Ils avaient tous pris la résolution d'être ceux là qui sensibiliseront sur les gestes éco responsable autour d'eux afin d'éviter que les déchets envahissent notre espace. Plusieurs photos avaient marqué cette journée de travail de terrain.

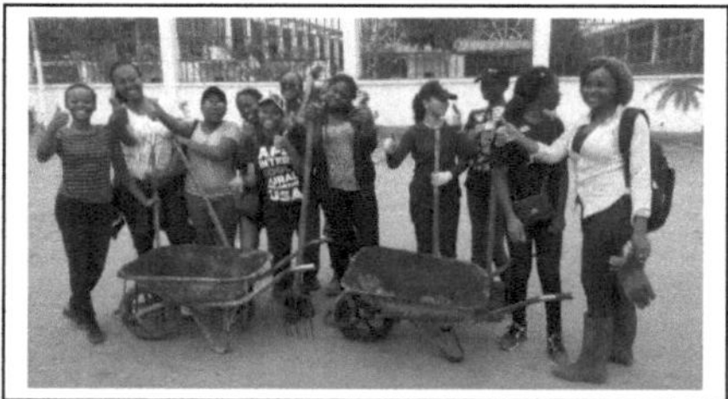

Photo 11 : fin du nettoyage avec les filles

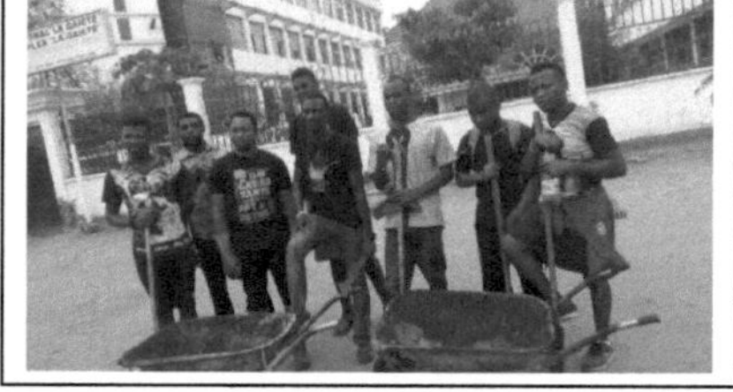

Photo 12 : fin du nettoyage avec les garçons

Après cette activité qui s'était clôturé par une fin engagée, animé et plein d'enseignements ; des perspectives

En 2018, nous avions lancé le projet sur l'éducation à l'environnement et à la santé dans les établissements secondaires de la ville de Yaoundé. La particularité de ce projet est que nous avions formé 10 jeunes volontaires sur les généralités environnementales, la pédagogie à utiliser pour la sensibilisation et quelques thématiques sur l'éducation à l'environnement. Cette formation était une préparation et un renforcement des capacités pour qu'ils soient suffisamment armés sur le terrain. Après la formation, chaque apprenant, devait présenter son plan de travail dans un/ les établissement(s) de son choix, où ils organiseront des activités pratique sur la sensibilisation à l'environnement et à la santé. Enfin, plusieurs établissements ont bénéficié du projet à l'exemple du Lycée Bilingue d'Émana ; le collège la Gaieté ; le collège privé laïc la Colombe ; le Collège Jean Tabi et le Collège la Forge.

Pendant ces activités, le projet a été présenté dans sa globalité aux encadreurs des différents établissements, suivi de la sensibilisation avec les élèves sur les questions d'éducation à l'environnement et à la santé, sur le comportement qu'un citoyen doit adopter afin de comprendre les enjeux du développement durable et d'agir en tant que citoyen éco responsable dans le but d'atteindre les objectifs fixés a savoir : éduction de qualité ; travail décent et croissance durable ; lutte contre le réchauffement climatique ; santé et bien être.

Nous allons faire un bref rendu des descentes sur le terrain de 03 établissements :

- **Le Lycée bilingue d'Émana** : situé dans l'arrondissement de Yaoundé 1 au quartier Émana, les responsables administratifs et les membres de la coopérative s'activent pour que l'établissement soit toujours propre. Chaque salle de classe possède un bac à ordure ; un espace vert bien entretenu aère l'établissement et la disposition des déchets est bien coordonnée. Cependant nous avions noté quelques manquements à savoir, l'absence de toilettes dans certains bâtiments du Lycée et d'un club environnement. Nous avions mis un accent sur la création d'un club environnement, out en précisant son rôle, ces avantages et la discipline qu'il apportera aux élèves et cadre de l'établissement pour assurer l'hygiène et l'organisation des activités écologique à l'exemple du reboisement. Convaincu de notre apport dans leur engagement à la protection de l'environnement, des résolutions avaient été prise pour renforcer leur action.
- **Le Collège Jean Tabi** est un établissement scolaire privé catholique situé dans l'arrondissement de Yaoundé 1 plus précisément au quartier Étoudi avec un fort taux de réussite aux examens au Cameroun. Il a à son sain un club nature qui s'occupe de l'environnement, plusieurs activités avait déjà été menés, à l'exemple de la plantation d'arbres au sein de l'établissement. Les salles de classes sont dotées de corbeilles pour les ordures, un personnel est chargé de l'entretien des toilettes et de l'espace vert. Néanmoins, nous avions remarqué la mauvaise gestion des ordures qui devrait être remédiée suite aux observations.
- **Le Collège la Forge** est un établissement scolaire privé situé au quartier Olembe dans l'arrondissement de Yaoundé 1, ayant un club santé. Malgré les mesures d'hygiène installée au sein de l'établissement, présence des bacs à ordures et des récipients d'eaux dans plusieurs coins, les élèves ont du mal à les

respecter. A cet effet, ce jour, nous avions créé un club environnement qui travaillera en parallèle avec le club santé. Le bureau avait été reparti comme suit : présidente, vice président, secrétaire et censeur pour un début, avec le temps, il va s'agrandir et gagner en expérience.

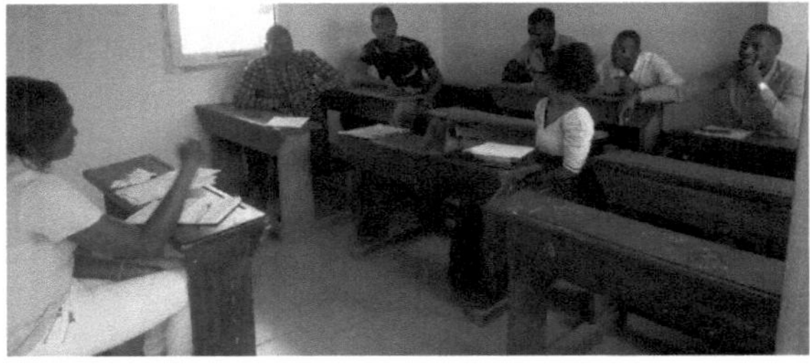

Photo 13 : formation des volontaires sur l'éducation environnementale

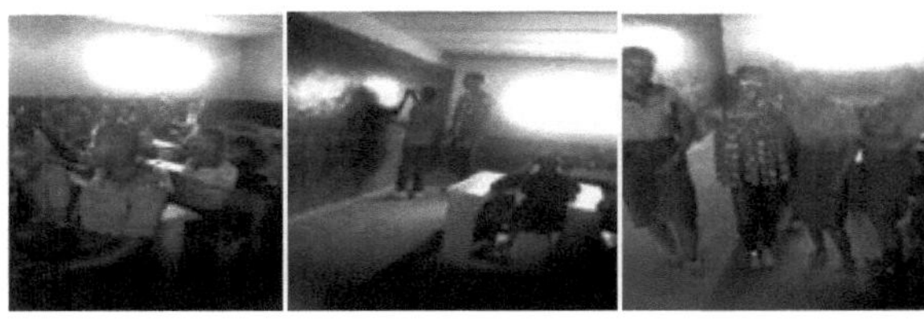

Photo 14 : activité de sensibilisation au collège la Forge

Travailler au sein de cette association m'a apporté beaucoup d'expérience, car les activités menées avec les jeunes étaient un apprentissage continu ; chacun avait sa stratégie, ces méthodes et son comportement auxquels il fallait s'adapter, être très compréhensif et développer le discernement ; un dépassement de soi, savoir se familiariser avec des personnes de personnalité différente. La soif d'apprendre, d'être compris et d'impacter davantage me mettait sur plusieurs actifs, la formation, le bénévolat/ volontariat et faire parti d'autres groupes associatif. Ce qui est avantageux avec tous ceux-ci, est aussi le partage d'opportunité à souscrire qui nous montrent que nous avons encore tant à apprendre, il faudra s'extérioriser et communiquer davantage sur nos atouts.

Dans ma quête de présenter mes travaux et d'améliorer mes projets, j'ai postulé à plusieurs événements. S'est ainsi que je suis retenu pour participer à un Forum international pour ma première fois, le FIJEV (Forum International Jeunesse et Emplois Verts) à Niamey, Niger en Mars 2018 où j'étais la seule participante Camerounaise, j'avais été retenu avec mon projet sur « la formation des agriculteurs au compostage ». Participer à ce forum, a amélioré ma conception sur mes challenges professionnels ainsi que mes attentes. Certes je manquais d'expérience pour un événement à l'international, mais grande a été ma surprise de m'être facilement adapté, une nouvelle culture, un nouvel environnement, des jeunes venus de milieu différents chacun avec de grands projets apportant un plus pour le développement de sa communauté et autres.

Le Forum international Jeunesse et Emplois verts (FIJEV) s'inscrit dans la recherche de solutions innovantes pour répondre aux grands enjeux mondiaux de l'employabilité et de l'insertion professionnelle de la jeunesse francophone. Il réunit des centaines de jeunes francophones âgés de 18 à 35 ans pour valoriser leur créativité et présenter au grand public, ainsi qu'à des partenaires techniques et financiers, des projets innovants susceptibles de générer des emplois décents et durables par l'économie verte. (*FRANCOPHONIE ET DÉVELOPPEMENT DURABLE : INNOVATIONS ET BONNES PRATIQUES Édition 2018*).

Après la présentation de mon projet sur la formation des agriculteurs au compostage et l'acquisition d'une expérience durable, j'ai continué avec la sensibilisation à l'utilisation des pesticides/ engrais chimiques en plantation et formation sur le compostage comme indépendante tout le reste de l'année 2018 et en hiver 2019.

Ma participation à plusieurs ateliers ; conférences et séminaire sur l'entrepreneuriat, en particulier l'entrepreneuriat féminin est devenu de plus en plus croissante. Dés lors, j'étais affecté de savoir que les jeunes filles et femmes rencontrent la plupart du temps les mêmes difficultés dans le processus de développement de leur activité. Par conséquent, nous avons besoin d'être motivé en permanence, d'acquérir des stratégies et modèle de bonne gestion pour ne pas renoncer et lâcher prise dans les moments de faiblesses.

L'entreprenariat féminin se définit comme la création et le développement d'entreprise par les femmes. Ce concept devrait donc être très important dans les programmes de développement durable de tous pays en voies de développement ou pays pauvres car la femme joue un rôle non négligeable dans la société en tant qu'opératrice incontournable dans la lutte contre la pauvreté.

Avec tous ceux-ci, j'avais été inspiré et j'ai mis en place, un réseau, nommé le réseau DJFFA (Développement de la Jeune Fille et Femme Africaine) en Juillet 2018. Le réseau DJFFA, est une plateforme de formation et de promotion du développement de la femme en général et de la jeune fille et femme africaine en particulier, il vise à réunir toute personne et organisation à but non lucratif afin de promouvoir la croissance de la jeune fille et de la femme Africaine. Son objectif est de soutenir le

développement de la jeune fille et de la femme Africaine en pensant globalement tout en agissant localement.
34 personnes, dont les professionnels, entrepreneurs, activistes, étudiants et fonctionnaires avaient rejoint cette initiative, parmi lesquels, une majorité Camerounaise, deux Congolais, une Nigérienne et une Burkinabé, dont les activités avaient débuté en ligne. Après une présentation et des apports sur le réseau DJFFA fait par tous les membres, nous avions programmés du mois d'Août 2018 au mois d'Octobre 2018 une série d'enseignement et de formation sur des thématiques impactantes de la vie de la jeune fille et femme africaine, formation ayant eu lieu en ligne, dont, une formation par mois. Ces formations étaient faites par les membres du réseau ayant une expertise dans le domaine selon les thèmes. Ceux-ci avaient pour objectif, de doter les membres du réseau, d'outils et de connaissances nécessaires devant leur permettre plus tard de se déployer sur le terrain dans leur localité respective pour des actions concrètes pour le développement de la jeune fille et femme.

- **Mois Août : les 12 habitudes des gagnants et situation de la jeune fille et femme africaine**

En effet, durant ce mois, nous avions mis l'accent sur la volonté spontanée (désir) que doivent avoir un gagnant et sur la situation de la jeune fille et femme africaine dans la société. Ceci s'était argumenté par les 12 habitudes des gagnants de Patrick Leroux et par l'intervention de certains membres du réseau.

12 habitudes des gagnants (Patrick Leroux) :

1. La passion ;
2. Fixer les objectifs ;
3. Passé à l'action sur les objectifs ;
4. La confiance en soi ;
5. La responsabilité ;
6. La discipline ;
7. L'attitude positive ;
8. L'intégrité ;
9. Le cercle d'influence ;
10. Relation interpersonnelle ;
11. La formation continue et
12. La persévérance.

Nous avions retenu que, la vraie motivation est interne, dont on à :

- La persévérance ;

- La confiance en soi ;
- L'humilité et
- Le droit à l'erreur.

Pour ce qui est de la problématique du développement de la jeune fille et femme africaine, elles subissent des difficultés à tous niveaux de son existence (sous scolarisation, grossesses précoces, abus sexuels, violences conjugales, discrimination en milieu professionnel, dépendance financière etc.). Plusieurs références avaient été partagées pour enrichir la compréhension.

Enfin, le développement des hommes dépend plus de la prise de conscience et de la volonté de chacun à vouloir aller de l'avant en ayant bien sûr, quelques habitudes énumérées ci haut et le développement de la jeune fille et femme africaine implique la considération de l'impact de la femme dans la société africaine.

- **Mois de Septembre : la santé de la jeune fille et femme ET l'éducation de la jeune fille**

  - **La santé de la jeune fille et femme**

Avait été présenté par un membre, infirmière diplômée d'état.
La santé est définie comme étant l'état de bien être physique et mentale d'un être humain. Après avoir identifié les facteurs qui concours au mal être de la femme et de la jeune fille (l'ignorance, la sous scolarisation, l'analphabétisme, les coutumes et tradition, la pauvreté, la modernité etc…), deux volets de la santé de la femme et la jeune fille avaient été abordés :

- **L'hygiène intime de la femme**

L'étude sur l'hygiène intime de la femme avait porté sur :

Les personnes concernées :

Les femmes dans leur ensemble ; de la jeune fille dès sa grande enfance (7 - 15ans) à l'adulte.

Les parties du corps faisant l'objet de la toilette intime :

Il s'agit uniquement de la partie externe de l'appareil génital.

Le moment de la toilette :

La toilette se fait autant de fois qu'on peut, l'hygiène devant être plus stricte en période de mensurations tout comme après chaque rapport sexuel.

La méthode de toilette :

La toilette se fait de l'avant à l'arrière. C'est à dire, des petites et grandes lèvres, jusqu'au derrière à l'anus. Il convient d'éviter d'introduire les doigts dans le vagin, afin de ne pas détruire la flore vaginale qui joue un rôle protecteur contre les multiples infections.

Les instruments de toilette :

La toilette se fait uniquement avec de l'eau propre et du savon.

- **La planification familiale et la contraception**

Ce sujet avait permis de mettre en exergue :

La définition de la planification familiale et de la contraception :

Il s'agit d'un ensemble de moyens et méthodes ayant pour objectif d'aider les individus et les couples à espacer les naissances et à éviter les grossesses non désirées, les *IST*[9]/ SIDA en vue de contribuer à leur bien être.

Le rôle de la Planification familiale :

Améliorer la santé de la famille, de la mère et de l'enfant.

Les méthodes contraceptives :

Il en existe une panoplie aussi diverse que variées que nous regroupons en 5 grandes catégories :

1) les méthodes hormonales :

Les contraceptifs oraux combinés à faible dose exemple la pilule ;
Les contraceptifs oraux progestatifs (ce sont toujours les pilules) ;
L'implant norplant ;
Les injections exemple, le depo provera.

2) les méthodes de barrières :

Les préservatifs, le dispositif intra utérin, exemple le stérilet.

3) la méthode vaginale :

Le spermicide, la cape cervicale, le diaphragme.

---

[9] IST : Infections Sexuellement Transmissibles

4) Les méthodes chirurgicales :

La vasectomie

5) Les méthodes naturelles :
- La méthode du calendrier ;
- La méthode cervicale ;
- La palpation du col ;
- La température basale ;
- Le coït interrompu et
- L'allaitement maternelle " la Mama".

Les méthodes naturelles ainsi que celles dites de barrières sont également à privilégier, les autres étant soupçonnées d'effets néfastes sur la santé de la jeune fille et femme.

Au terme de cette présentation s'en étaient suivi des échanges interactifs s'étant clôturés, sur la satisfaction de tous, et la nécessité toutefois de prolonger l'édification des membres du réseau sur les points suivants en rapport avec la santé de la femme :

- Le cycle menstruel de la femme et
- Les avantages et inconvénients des différentes méthodes contraceptives.

- **L'éducation de la jeune fille**

Avait été présenté par un membre du réseau, chargé d'enseignement d'histoire géographie, activiste et coordinatrice d'un réseau au Niger.
Si l'importance de l'éducation en général et celle de la jeune fille en particulier n'est plus à démontrer dans le processus de développement, force est de constater que dans le monde et plus spécialement dans certaines régions de l'Afrique, l'éducation n'est pas un acquis pour les jeunes filles, plus victimes de sous scolarisation que les garçons.

La formation avait donc pour but de rappeler aux membres du réseau les instruments juridiques en faveur de la scolarisation, ses enjeux, d'identifier les obstacles à la scolarisation des jeunes filles et enfin de proposer des solutions, le tout étant illustré par le cas d'étude du Niger, pays d'origine de la formatrice.

Les fondements juridiques du droit à l'éducation des enfants en général et de la femme en particulier :

- La déclaration universelle des droits de l'homme ;
- La convention concernant la lutte contre la discrimination dans l'enseignement de l'UNESCO ;

- La convention relative aux droits de l'enfant ;
- La convention sur l'élimination de toutes les formes de discriminations à l'égard de la femme.

Les enjeux de la scolarisation de la jeune fille :

Entre autres nous avions retenu :

L'émergence et la parité homme-femmes dans l'espace politique ;
L'amélioration de la condition de la femme africaine ;
La promotion de la femme et le développement durable en Afrique.

Les obstacles à la scolarisation de la jeune fille :

Ils sont de plusieurs ordres :

- Les obstacles socioculturels inhérents au statut de la femme africaine, plus encrée dans son rôle de femme au foyer et de gestion des taches ménagères ;
- Les grossesses et mariages précoces ;
- Les violences à l'école ;
- L'éloignement et migrations internes et internationales dues à l'extrémisme radical cause de conflits armés dans de nombreux pays ;
- La pauvreté des parents ;
- L'ignorance des parents ou persistance de l'analphabétisme ;
- L'insuffisance de l'offre éducative.

Les solutions à envisager : au niveau de l'État :

- Rendre effective la gratuité totale de l'école ;
- Accroitre l'offre de l'éducation ;
- Mettre en œuvre des programmes d'alphabétisation.

Au niveau de l'école, des organisations internationales et des communautés :

- Établissement et facilitation d'une franche collaboration entre les différents acteurs de l'école et les communautés locales est un moyen en vue d'une amélioration du taux de scolarisation des filles.
- Sensibilisation à l'endroit de la jeune fille, des parents et autres membres de la famille sur la nécessité de scolariser les filles et de les laisser poursuivre les études.

Le cas d'étude sur le Niger, de même que les diverses interventions des membres du réseau ont permis de constater que d'une région de l'Afrique à l'autre, les causes de sous scolarisation des filles, de même que les solutions envisagées peuvent être différentes.

Par ailleurs, l'éducation à la maison et par les parents notamment la mère, est une donnée non négligeable à prendre en compte pour le bien être de la jeune fille.

- **Mois d'Octobre : éducation à l'environnement ET la femme rurale**

    - **Éducation à l'environnement**

Avait été présenté par l'initiatrice du réseau DJFFA que je suis.
L'éducation à l'environnement est une forme d'éducation dans laquelle les thèmes abordés sont relatifs aux problèmes d'environnement ; elle concerne aussi les problèmes d'utilisation et de gestion des ressources. Afin de garantir un futur durable pour les générations à venir nous devons planifier un programme de qualité sur ce sujet qui permettra de réduire plusieurs impacts (changement climatique, sanitaires, etc.). A cet effet, la femme doit être mise au premier rang et son point de vue doit être pris en compte, car étant non seulement, dans la majorité des cas, responsable de l'éducation des enfants en général et des filles en particulier ; mais aussi, l'une des principales personnes qui subit les changements climatiques. Elle a plus de facilité de construire des idées pour sa réussite.

Nous devons par conséquent prôner les objectifs du développement durable en particulier, l'ODD 5- égalité entre les sexes et l'ODD 10- réduction des inégalités. Garantir l'égalité d'accès des femmes et des filles à l'éducation à l'environnement permettra une bonne représentation dans le processus de prises de décisions politiques et économiques ; nourrira l'instauration d'économies durables et sera bénéfique aux sociétés et à l'ensemble de l'humanité. L'égalité des sexes n'est pas seulement un droit fondamental de la personne, mais aussi un fondement nécessaire pour l'instauration d'un monde pacifique, prospère et durable. Les inégalités quant à elles sont très importantes et constituent l'un des principaux obstacles à l'éducation environnementale. Au cours des derniers années, les inégalités ont augmenté dans de nombreux pays Africains et cela empêchent certains groupes sociaux de participer pleinement à la vie sociale, culturelle, politique et économique empêchant ainsi d'apporter une contribution utile dans « l'éducation à l'environnement ».
Ce sujet a su captiver l'attention de plusieurs membres du réseau. Nous avions continué avec des exemples pratiques liés à l'éducation environnementale, à l'exemple du recyclage des déchets.

- **Recyclage des déchets « importance pour le développement de la jeune fille et femme Africaine »**

Le recyclage est une série d'activités qui comprend la collecte des éléments utilisés, réutilisés ou non utilisés qui seraient autrement considéré comme un déchet ; tri et traitement des matières recyclables produits en matières premières et déconditionner.
Le recyclage des déchets est la transformation de tous types de déchets (municipaux, agricoles, industriels, spécifiques...) en un autre produit. Exemples : certains déchets organiques ou azotés transformés en compost ou biogaz ; pneus de voitures en sofa ; certains déchets organiques ou agricoles en charbon écologique.
Le recyclage en Afrique est en majorité pratiquer de façon artisanale/ informelle et les femmes sont de plus en plus impliquées dans le processus du recyclage des déchets. Ceux qui leurs permettent d'être indépendante financièrement et de subvenir aux besoins familiaux. La matière première/ déchets utilisés pour le recyclage est un atout qui motive les femmes d'entreprendre dans ce domaine. Nous devons donc renforcer la sensibilisation et formation des femmes et filles sur le recyclage des déchets pour qu'elles puissent non seulement jouir de leur indépendance mais aussi d'être des actrices de développement pour la société.

Pratique du recyclage des déchets :

Nous avions expliqué en détail, la transformation des déchets en compost, biogaz et en charbon écologique.

- **La femme rurale**

Avait été présenté par un membre du réseau, étudiante en Master en biotechnologie et protection des végétaux.
D'après la définition littérale, une femme rurale est celle qui habite hors de la ville, en campagne, dans les villages et vit essentiellement de l'agriculture et de l'élevage.

- **Que font les femmes rurales ?**

Les travaux réservés aux femmes rurales peuvent varier d'un pays à un autre, d'une région à une autre.
De façon générale, La femme rurale s'occupe en majorité des activités champêtres :
-les femmes cultivent des produits agricoles, c'est-à-dire, le semis, le sarclage, la récolte, le transport, la conservation.
-Elles s'occupent des animaux,
-Elles transforment et préparent les aliments,
-Elles travaillent, contre rémunération, dans des entreprises agricoles ou rurales,
-Elles vont chercher du combustible et de l'eau,
-Elles exercent des activités commerciales.

- **Difficultés de la femme rurale**

La situation difficile de la femme rurale est encore aggravée par un manque d'accès aux technologies adaptées. Elle utilise par exemple des outils archaïques, outils qui la fatiguent davantage.

Les activités domestiques des femmes rurales ne sont pas considérées comme un travail mais comme des responsabilités d'assistanat dévolues « naturellement » aux petites filles dès leur plus jeune âge.

Dans de nombreux pays, selon la « tradition », les femmes ont seulement un droit d'usufruit de la terre et doivent demander de la terre à leur mari ou leur famille.

L'accès à l'éducation et aux soins de santé n'est pas évident.

La possibilité de participer à la vie publique n'est pas faisable dans certaines localités.

Elles sont tellement occupées dans les différentes activités qu'elle manque le temps pour participer constamment aux séances de vulgarisation.

- **Valorisation de la femme rurale**

Pour amorcer le développement du pays, il est important de valoriser le rôle potentiel des femmes rurales en leur assurant l'accès aux ressources de production, notamment, la terre, les intrants agricoles, au crédit et à la vulgarisation. Alléger aussi les travaux ménagers et champêtres des femmes par l'introduction de technologies appropriées (adductions d'eau, foyers améliorés, moulins, ...) est une nécessité pour permettre l'amélioration de leurs conditions de vie. Il est aussi important de les encourager à se regrouper en association afin d'accroître plus facilement leur savoir faire.
Ces enseignements nous ont permis d'avoir une forte connaissance de base sur les actions à mener pour le développement de la jeune fille et femme africaine et surtout de la femme rurale. Également de sensibiliser et de programmer des activités dans notre communauté.

Nous avions mené à cet effet, une activité pour la célébration de la 34éme journée internationale des droits de la femme en 2019, célébrée tous les 08 Mars. Elle a eu lieu à Bikok au CPFF (Centre de Promotion de la Femme et de la Famille) de Bikok. Bikok est une commune du Cameroun, située dans la région du Centre, précisément dans le département de la Mefou et Akono.

Le thème de cette année était : « croisade contre les inégalités de sexes : s'arrimer à la nouvelle impulsion ». Nous avions eu l'honneur d'animer une causerie éducative sur l'autonomisation des femmes et le leadership politique des femmes en collaboration avec Madame la directrice du CPFF. Se trouvant dans un milieu rural, nous avions mis l'accent sur l'entrepreneuriat féminin en milieu rural. A Bikok, la majorité des femmes pratiquent l'agriculture et le commerce, un échange s'était fait sur les challenges dont elles font face ; à l'exemple de l'écoulement des marchandises, les résultats attendus sont rarement réalisable malgré les innovations qu'elles mettent en place. Le marketing avait été évoqué comme solution aux problèmes, à l'exemple des réseaux sociaux, travailler avec leurs enfants, qui ont généralement des connaissances à ce niveau, et faire la promotion de leur produit sur facebook, comme exemple. Bikok est proche de Yaoundé, elles pourraient développer plus de client venant de cette grande ville.

Nous avions également participé ce jour, à la formation sur la fabrication du menthol, la fabrication du savon liquide et la teinture qui leur étaient donné par une experte, toujours dans le cadre de la célébration de la journée internationale des droits de la femme.

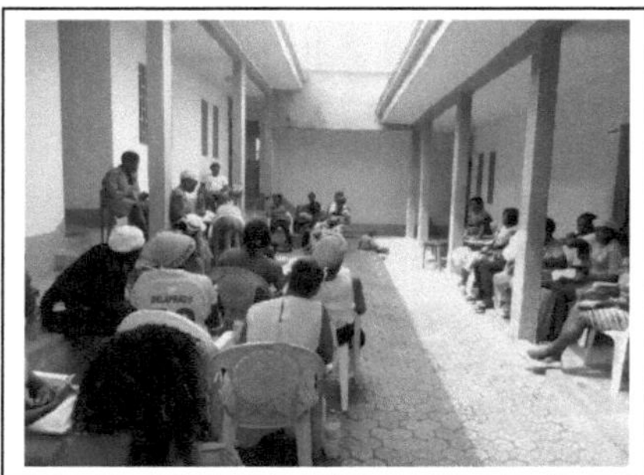

Photo 15 : femme de Bikok, présente pour l'événement

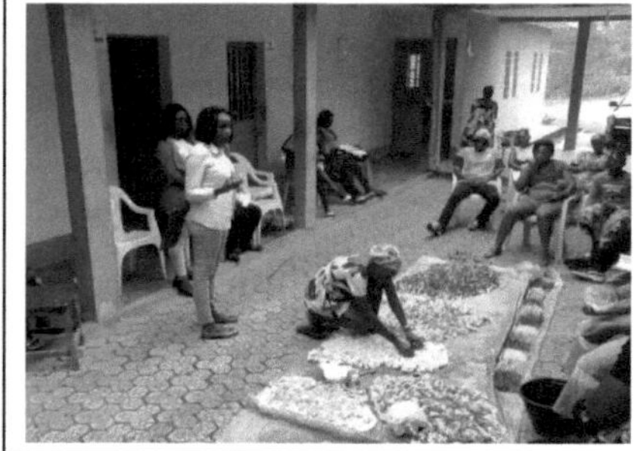

Photo 16 : échange sur l'entrepreneuriat de la femme rurale

Notre membre du Niger avait également participé le 06 Mars 2019 à une activité de sensibilisation durant la célébration de la journée internationale de la femme à Niamey, capitale du Niger. Une journée d'échange afin de :

- Contribuer à travers la participation citoyenne des femmes au renforcement de la paix au Niger et
- Susciter chez les jeunes filles de l'université, l'intérêt de s'impliquer activement dans le processus de renforcement de la paix.

Une sensibilisation en ligne avait continué sur la promotion des actions pour le développement de la jeune fille et femme africaine. Depuis l'été 2019, les activités s'étaient arrêtés, nous espérons un jour reprendre avec cette initiative qui est sans doute, l'un des challenges à relever de nos jours pour un développement équitable et où les filles et femmes seront davantage vues comme des pionnières du développement.

« *Éduquer un homme, c'est éduquer un individu. Éduquer une femme, c'est éduquer toute une nation* » (James Emman Aggrey).

Arriver à ce niveau, l'on peut se poser multiples questions. Qu'est qu'elle cherche ? Quel est son champ d'action ? N'a-t-elle pas un plan d'action de ces projets bien défini ? Pourquoi des activités de spécialités différentes ? ... Ma réponse à toux ceux-ci est simple : la passion nous enveloppe à un notre niveau d'innovation, de telle sorte que, les problèmes de notre communauté, deviennent les nôtre, on s'en inspire au quotidien pour apporter des solutions car c'est à ca le rôle que joue un acteur de développement.

Fort de constaté la pollution plastique qui crée des dégâts au Cameroun, je fais des recherches dans le domaine, mes multiples recherches, me conduisirent à un expert qui avait une entreprise spécialisé sur les sujets environnementaux dont la gestion des déchets en faisait parti. Captivé par mon dynamisme et mes activités sur la gestion des déchets en général et des déchets plastiques en particulier, il décide de m'offrir une formation en 2019 dans son institut « gestion des déchets et récupération des ressources ». Une formation qui viendra renforcer mes capacités sur la gestion des déchets avec à son actif, une diversité de travaux pratiques sur différentes problématiques et des séances de coaching. J'avais réussi après un examen à cette formation, dorénavant, j'avais une expertise poussée dans le domaine, la confiance s'y était installée et je ne paniquais plus quand je me retrouvais face à un projet sur la gestion des déchets. A cet effet, la gestion de projet et la recherche sur la gestion des déchets sont devenu récurrente dans mes actions (articles, activités sur le terrain, formatrice etc.). Suite à cela, je continuais à murir mes idées sur des solutions à mettre en place pour lutter contre la pollution plastique.

La pollution plastique, c'est l'accumulation des déchets composés de plastique et de ses dérivés un peu partout dans l'environnement. Léger, résistant, abordable, on estime que plus de 10 tonnes de plastique sont produites chaque seconde pour être réutilisées massivement dans toutes les industries du monde, bien souvent à travers des produits à usage unique. Or, le plastique bénéficie d'une durée de vie longue et ne disparaît jamais totalement du milieu dans lequel il est jeté. Il se retrouve abandonné dans nos villes, en pleine nature et jusqu'au fond des océans où plus des deux tiers de nos déchets finissent par atterrir. L'équivalent de plusieurs millions de tonnes par an. Sous forme d'ordures visibles ou de microparticules au fil de sa lente dégradation, la pollution plastique fait peser d'importantes menaces sur les habitats terrestres, aquatiques et sur la vie sauvage qui s'y est établie que ce soit par ingestion, enchevêtrement ou exposition aux produits chimiques contenus dans le matériau. Des produits qui arrivent à terme jusqu'à l'Homme, par le biais de la chaîne alimentaire. (*Conservation Nature, Pollution plastique : définition, causes et conséquences*).

Au Cameroun en général et en particulier dans la ville de Yaoundé, plusieurs rivières, cours d'eaux et caniveau sont remplis de bouteilles plastiques, empêchant ainsi le passage de l'eau. Par conséquent nous faisons face à des inondations causées en partie grâce à ces derniers et des bouteilles plastiques se trouvant sur les passages routiers durant la saison pluvieuse ; c'est une pollution persistante qui donne une mauvaise image à nos quartiers. Au vu de tous ceux-ci et très sensible à ces dégâts, plusieurs organisations et moi, mettions en place une activité communautaire, la collecte des bouteilles plastiques dans les drains, rigoles et rivières ; activité accompagnée par plusieurs autres organisations au Cameroun avec qui nous avions impacté un grand nombre de jeunes à la cause.

Une série de plusieurs journées de collecte des bouteilles plastiques dans certains quartiers de la ville de Yaoundé avaient été organisé durant l'année 2019, les bouteilles collectées étaient transportées par une entreprise spécialisée dans le recyclage des déchets plastiques. Après pesés des bouteilles collectées, nous recevions une rémunération qui était utilisé pour le rafraîchissement des volontaires. Une moyenne de 1000kg de bouteilles plastiques avait été collectée. Plus d'effort pouvait être fait mais l'état des rigoles et cours d'eau (les bouteilles flottaient au dessus de l'eau) ne facilitaient pas la collecte qui était manuelle. Il fallait être muni de matériels spéciaux pour collecter une plus grande quantité de bouteilles plastiques. Le rapport des activités se transmettait également sur les réseaux sociaux afin de sensibiliser le plus de personne sur les dégâts causés par les déchets plastiques dans notre milieu de vie, ce qui motivait davantage les jeunes à rejoindre l'activité, avec un maximum de 50 volontaires au total ayant participé. Chaque volontaire avait contribué à sensibiliser sur la gestion des déchets plastiques (communication, sensibilisation, collecte, recyclage, réutilisation et réduction).

Il est important de noter que, d'un site à un autre, nous étions toujours étonnés de l'espace qu'occupait les bouteilles plastiques dans les drains. Nous avions l'impression d'avoir en face un décor de bouteilles plastiques ou un fleuve de bouteilles plastiques. Le mot WOW que l'on exprimait suite à notre étonnement était à la fois une calamité et un drame. L'envie de prendre de multiples photos s'installait naturellement, car il fallait le présenter à tous et partout pour éveillé les consciences et qu'ensemble, nous puissions remédier à cela.

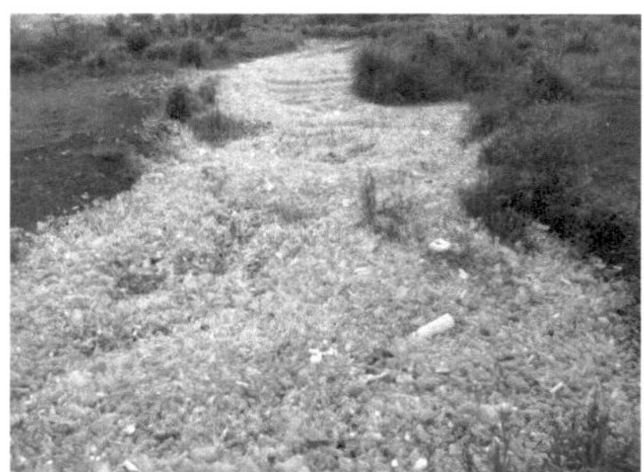

Photo 17 : bouteilles plastiques envahissant un cours d'eau à Yaoundé

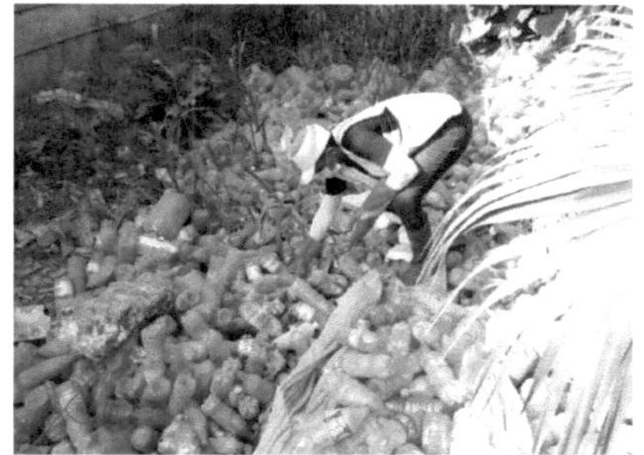

Photo 18 : collecte manuelle des bouteilles plastiques dans un caniveau à Yaoundé

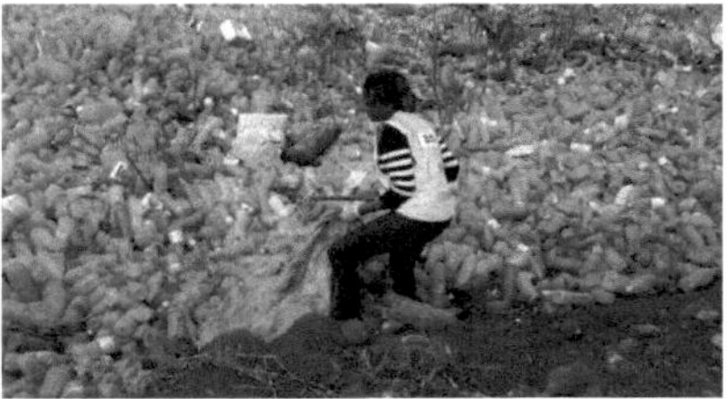

Photo 19 : adaptation d'une méthode pour collecter facilement les bouteilles plastiques se trouvant au dessus d'un cours d'eau à Yaoundé

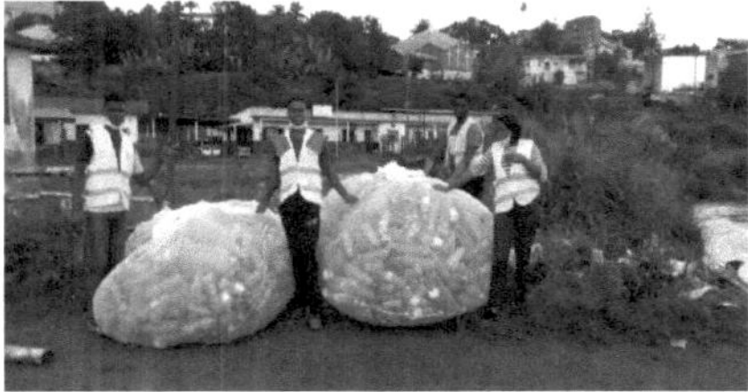

Photo 20 : fin de la collecte avec un groupe de volontaire à Yaoundé

Plusieurs innovations se sont éveillées durant ces activités, à l'exemple de sensibiliser la population tout en collectant les bouteilles plastiques. La sensibilisation de la population sur la gestion des déchets plastiques, leur permettra de participer à la lutte contre la pollution plastique et surtout de connaître comment le faire. Collecter les déchets plastiques ou les bouteilles plastiques porte à porte, apprendra à la population de faire le tri de ces déchets. Ceux-ci permettront de rendre durable la gestion des déchets plastiques, dans la mesure où chacun comprendra le cycle de sa gestion et de savoir que nous tous avons notre part de responsabilité et nous tous devons s'y impliquer.

CHAPITRE 3 : Un projet associatif est né

Avant tout, j'aimerai dire merci à tous ceux qui ont pris la peine de m'écouter, de croire en moi, de m'avoir mise en confiance pour l'atteinte de mes objectifs en tant que actrice de développement. Chaque petit ou grand pas que je prends et accompli, c'est grâce à votre motivation.

J'avais toujours pensé à mettre en place un groupe associatif, mais je n'osais pas m'y lancé. peut être la peur! Le manque de courage! Le processus que je croyais compliquer! Super active sur LinkedIn, je partageais toutes mes activités ; un jour, j'avais posté une photo de moi en pleine action de collecte des bouteilles plastiques dans une rigole à Yaoundé. La particularité de cette photo, laissait voir une personne passionné au point où j'étais assise sur une planche, bien équipé pour collecter les bouteilles plastiques se trouvant autour. Impressionné par bon nombre de mon implication sur la gestion des déchets plastiques, je suis approché par une dame qui était toute contente de voir une jeune femme qui n'a pas de complexe et qui a décidé de travailler dur pour l'atteinte de ces objectifs. Elle était convaincu que je devais continuer dans la même lancé mais en mettant en place, une organisation non gouvernementale. Ceci avait été l'occasion pour moi de parler de ce projet. Après avoir eu des informations sur la procédure, des séances de coaching, un accompagnement professionnel, je parviens à mettre en place une association avec une équipe de jeunes dynamique. Donc l'association devient officiellement reconnue en Février 2020. L'association SAMO Foundation, le nom SAMO est celui de ma maman, qui était une très grande actrice de développement dans sa communauté, son lieu de travail en tant que fonctionnaire, en tant que entrepreneur et leader dans plusieurs associations auxquels elles occupaient des postes de responsabilité. L'association avait débuté ces activités en automne 2019.

Avant sa légalisation, les activités de l'association avaient débuté en Octobre 2019 avec plusieurs descentes sur le terrain sur la collecte des bouteilles plastiques dans la ville de Yaoundé, réunissant une moyenne de 20 jeunes avec 400 kg de bouteilles collectés. Ensuite, nous avions mise en place une équipe dans la région de l'Est, plus précisément à Bertoua et Mandjou. La ville de Bertoua est le chef-lieu du département du Lom et Djerem. Elle est découpée, depuis 2007, en 2 arrondissements correspondant à autant de communes, Bertoua 1er et Bertoua 2ème. Elle couvre une superficie de 100 km2. Anciennement appelée commune de Bertoua rurale, Mandjou a été érigée en commune autonome en avril 2007. Elle couvre une superficie de 8 500 km^2. (Osidimbea, la mémoire du Cameroun). Différentes campagne de sensibilisation s'étaient réalisées à Bertoua et Mandjou à l'exemple de la campagne de sensibilisation sur la covid -19.

La covid-19 a fait son apparition au Cameroun au cours du mois de Mars 2020, créant ainsi un déséquilibre social à la vue de ses impacts potentiels sur la vie de la population tant sur le plan économique, social, environnemental que sanitaire. Il était dont nécessaire que chacun contribue à sa manière à la préservation de la santé publique. Ainsi, dans le but de renforcer la communication sur cette pandémie et contribuer à la préservation de la santé et au bien-être de la population, nous avions mis sur pied une campagne de sensibilisation porte à porte dans la région de l'Est Cameroun, plus précisément à Bertoua et Mandjou. Cette campagne qui s'était déroulée du mois Avril à Mai 2020, avait pour objectif principal de conscientiser la population sur l'existence réelle de la covid-19 au Cameroun. Pour atteindre cet objectif, nous avions mieux édifié les populations locales sur les points suivants :

- Connaissance et mode de transmission de la covid-19 ;
- Méthodes de prévention de la covid-19 ;
- Lavage des mains et
- Importance du port du masque.

La campagne de sensibilisation avait été menée par les volontaires de l'association SAMO Foundation de la région de l'Est, managée par le point focal et coordonnée par moi.

Afin de mieux transmettre notre savoir sur la covid-19, nous avions suivis deux formations : « Lignes directrices en matière de planification opérationnelle et plateforme des partenaires pour accompagner la préparation et la riposte des pays face au COVID-19 » et « s'attaquer au nouveau coronavirus » organisées par l'Organisation Mondiale de la Santé et London School of Hygiene and Tropical Medicine. Ces formations nous avaient permis de comprendre davantage et d'avoir des techniques de sensibilisation sur la covid-19. Nous notons quelques points concernant notre campagne de sensibilisation :

Zones D'intervention	Activités Prévues	Indicateurs	Justification Des Écarts	Observations
Bertoua : Tindamba, Yademe, Enia, Kano et Kpokolota **Mandjou :** Bindia, Carrière et Zoumbi	Sensibilisation de la population sur la covid-19	85 ménages sensibilisés 25 ménages sensibilisés	Activité à perpétuer	90% de la cible touchée ont compris c'est quoi la COVID-19 : son origine, son mode de transmission et ses symptômes
Marché Enia et Marché central	Sensibilisation sur les mesures de prévention contre la covid-19	85 ménages et 20 boutiques sensibilisées	Activité à mener jusqu'atteinte des objectifs	90% des boutiques sensibilisées détiennent des récipients pour désinfection manuelle (eau javellisée+savon) et respectent la distanciation sociale

Tableau 1 : récapitulatif du déroulement de la campagne de sensibilisation à Bertoua et Mandjou sur la covid 19

Lors de notre campagne de sensibilisation porte à porte sur la covid-19 à Bertoua et Mandjou, nous avions présenté le nombre de personnes infectés au quotidien au Cameroun ainsi que les cas de décès, information venant du **MINSANTE**[10]. L''objectif était de conscientiser la population afin de leur faire comprendre que ce n'est rien de mystique comme la majorité des partis prenantes le pensaient. Ensuite, nous avions mis l'accent sur l'importance du port du cache nez, de la distanciation sociale et les dispositifs de lavage de main. Dans certaines boutiques, nous avions aidé à installer le dispositif pour le lavage des mains avec une séance pratique.

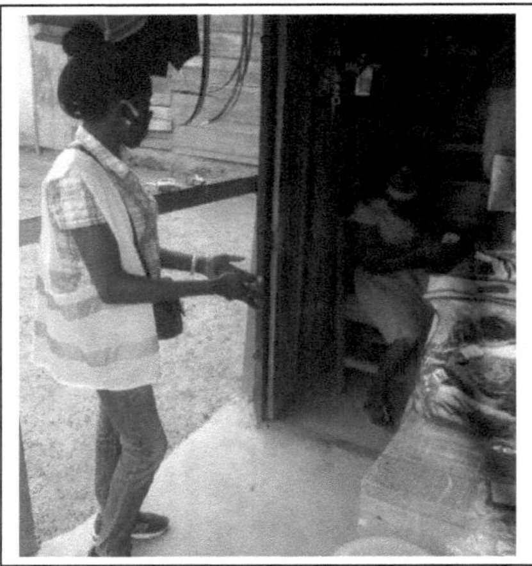

Photo 21 : sensibilisation auprès d'une boutique à Bertoua

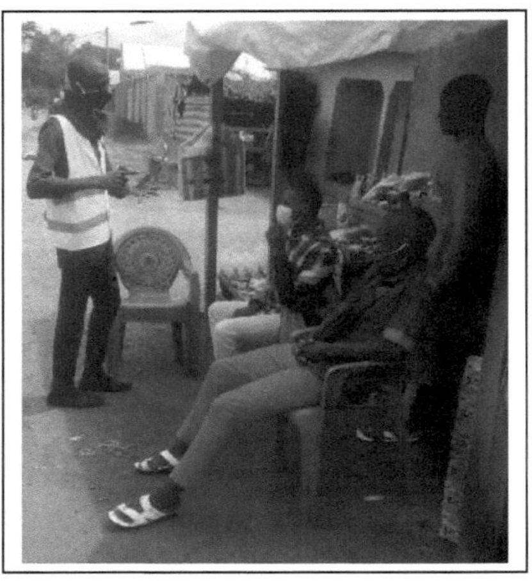

Photo 22 : Sensibilisation auprès des ménages à Mandjou

Le mois de Mai 2020 marque la fin de cette campagne de sensibilisation.

Par la suite, plusieurs rencontre avaient été organisés afin de se penché sur le volet gestion des déchets dans la ville de Bertoua, car présentant de plus en plus de décharge dans les quartiers. Il faudra sensibiliser la population et organisé des journées de salubrité. Nous avions conclus de le faire lors de la journée mondiale de l'environnement (JME), le 05 Juin 2020 qui avait pour thème, la biodiversité, une source de préoccupation à la fois urgente et existentielle.

Soucieux de l'avenir de la biodiversité terrestre dans son ensemble, la Journée mondiale de l'environnement (JME) a été initiée par l'Organisation des Nations unies en 1972, à l'occasion de l'ouverture de la Conférence des Nations unies sur l'environnement du 5 au 16 juin à Stockholm (Suède). Depuis lors donc, la JME

[10] MINSANTE : Ministère de la Santé Publique - Cameroun

constitue une occasion pour les gouvernements, les organisations non gouvernementales et les entités internationales, de mener la réflexion sur les questions se rapportant à l'air, le sol et l'eau à travers le quotidien socioéconomique des pays. Cette commémoration du 05 juin 1972 de Stockholm permet de marquer un temps d'arrêt au fil des années pour faire le point sur les progrès accomplis en matière de gestion environnementale par les États, afin de prendre des mesures appropriées pour assurer le plein épanouissement de la biodiversité dans son intégralité.

La 48ème édition de la JME (05 Juin 2020) intervenait au Cameroun dans un contexte particulier compte tenu de la pandémie réelle qu'est la covid 19, Qui impose des mesures de confinement aux populations où plusieurs ménages ont négligés des comportements respectueux de l'environnement.

Dans la région de l'Est, d'après le constat fait par le Programme National de Sensibilisation et d'Éducation à l'Environnement (PNSEE) adopté au Cameroun à l'issue d'un atelier organisé le 08 octobre 2014 à Yaoundé. Il ressort que, la situation environnementale demeure à ce jour victime des pratiques systématiques des feux de brousse pour les pâturages ainsi que l'agriculture sur brûlis qui ont des impacts négatifs sur l'environnement, en constituant un facteur important de déforestation et de perte de la biodiversité. Ce phénomène est accentué ces derniers temps par une ruée des populations vers l'agriculture. L'utilisation incontrôlée et abusive des engrais et des pesticides représente une menace pour la biodiversité et les hommes. A la suite de cela, l'on constate dans la région de l'Est, la faiblesse des réseaux urbains et la mauvaise gestion des déchets qui sont des causes de plusieurs formes de pollution. Car Elles impactent également négativement sur la santé des populations surtout que ces dernières ont une conscience environnementale faible et déversent régulièrement leurs déchets ménagers dans les drains et les caniveaux qui se retrouvent régulièrement bouchés et posent d'énormes problèmes en période de montée des eaux. A Bertoua par exemple, la ville est pratiquement cernée par de vastes marécages dont les lits constituent des dépotoirs d'ordures pour les populations riveraines ou des lieux de lavage des véhicules le pire ici est que la ville est en chantier ce qui n'empêche pas les populations de développer des attitudes irresponsables du point de vue écologique.

Dans le cadre de cette commémoration du 5 juin 2020, SAMO Foundation avait organisé une campagne de sensibilisation sur la gestion des déchets et le nettoyage de certaines rues envahies par les décharges de déchets tout en collectant les bouteilles plastiques. Activité qui avait été faite au quartier Tindamba à Bertoua avec 10 volontaires engagés et responsable. Nous avions noté que plusieurs autres activités du même type devraient être organisées, une acquisition des gestes éco responsable par la population se fera avec une sensibilisation permanente. Nous avions également participé à plusieurs autres activités des organisations et autres à l'exemple de la promotion de la gestion durable, reboisement « planter des arbres » qui avait été organisé par la délégation régionale du *MINEPDED*[11] à Bertoua, à l'occasion de la célébration de la 26éme journée mondiale de lutte contre la désertification, le 17 Juin 2020 qui avait pour thème « Alimentation. Fourrage. Fibres. Production et consommation durables ».

Rappelons que, la Journée mondiale de lutte contre la désertification et la sécheresse est célébrée chaque année le 17 juin, pour sensibiliser le public aux efforts internationaux de lutte contre la désertification. Cette journée est un moment unique pour rappeler à tous que la neutralité en matière de dégradation des terres est réalisable grâce à la résolution de problèmes, à une forte implication communautaire et à la coopération à tous les niveaux. La question exige encore plus d'attention maintenant. Lorsque la terre se dégrade et cesse d'être productive, les espaces naturels se détériorent et se transforment. Ainsi, les émissions de gaz à effet de serre augmentent et la biodiversité diminue. Cela signifie également qu'il y a moins d'espaces sauvages pour contenir les zoonoses (maladies ou infections transmissibles entre l'homme et l'animal) et nous protéger des événements météorologiques extrêmes, tels que les sécheresses, les inondations et les tempêtes de sable et de poussière. C'est pour cette raison que la Convention sur la lutte contre la désertification, l'organe de l'ONU qui dirige les célébrations de la journée internationale, appelle l'ensemble de la communauté mondiale à traiter la terre comme un capital naturel précieux et limité qu'il nous faut restaurer et protéger. Chacun de nous a un rôle à jouer car l'avenir est un enjeu qui nous concerne tous. (Nations Unies, journée mondiale de lutte contre la désertification et la sécheresse 17 Juin).

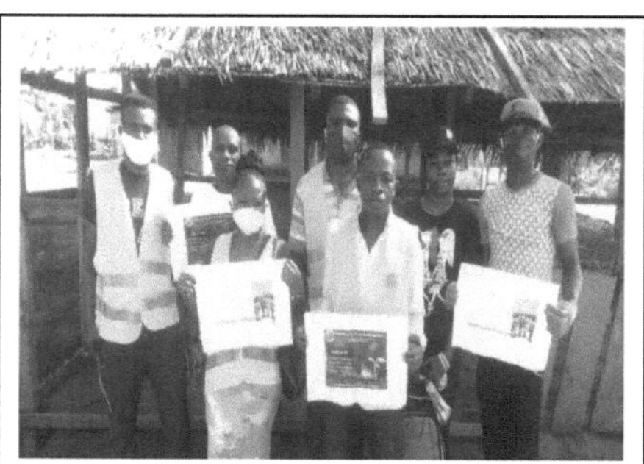

Photo 23 : équipe de sensibilisation sur la gestion des déchets, JME

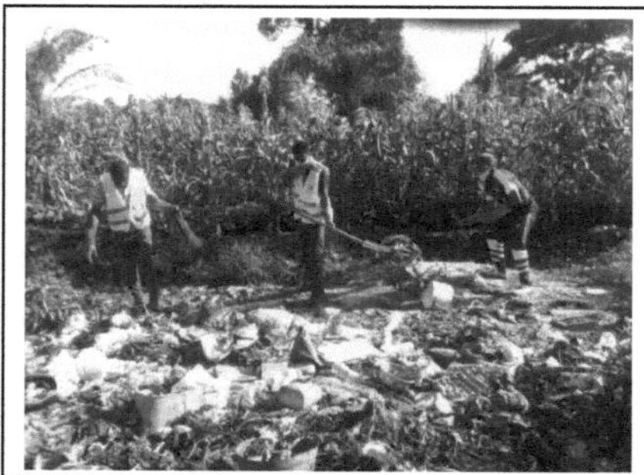

Photo 24 : enlèvement des déchets ménagers d'une décharge longé sur une rue, JME

[11] MINEPDED : Ministère de l'Environnement de la Protection de la Nature et du Développement Durable » - Cameroun

De nos jours, plusieurs activités humaines contribuent à la dégradation de l'environnement tout en modifiant le climat, si rien n'est fait sur le terrain de façon active, nous continuerons à assister à un désastre global de notre milieu de vie. La bonne gestion de l'environnement est une garantie pour une durabilité de notre vie sur terre. Notre mission est d'impliquer les jeunes comme leader des actions de protection de l'environnement au travers de plusieurs activités. En 2020, le projet Climate Challenge a été mis en place dans le but de sensibiliser et de renforcer les capacités des jeunes sur les actions climatiques.
Les changements climatiques (CC) représentent une menace potentiellement importante pour le développement économique et risque de compromettre les chances de relever les défis de réduction de la pauvreté en Afrique et dans le monde. Le changement climatique est l'un des plus grands défis de notre temps. Les êtres humains et les États du monde entier sont déjà touchés par ses effets destructeurs. Les pays en développement sont particulièrement vulnérables au réchauffement climatique et à ses conséquences. Au vu des dégâts qui en résultent, nous nous tournons vers l'adaptation au changement climatique qui consiste en grande partie à « faire les choses différemment à cause du changement climatique » (Bo Lim) ou à prendre les décisions qui s'imposent à la lumière du changement climatique. Des outils, des approches et des instruments sont nécessaires pour guider les décideurs des secteurs public et privé. Avec une bonne stratégie, l'adaptation peut être ancrée dans tous les secteurs affectés, comme l'agriculture, l'eau, la santé, la biodiversité et les transports. Bien qu'il ne soit pas possible de s'adapter à tous les impacts du changement climatique, la gestion du risque climatique et la gestion des risques de catastrophe peuvent être améliorées.

En Afrique en général et au Cameroun en particulier, nous assistons à des inondations, des dépotoirs d'ordures en zone urbaine et rurale, la pollution de l'air, l'utilisation croissante et abusive des produits chimiques en milieu agricole, l'abatage des arbres en forêt etc. Il est temps d'agir, de mettre en place des actions sur le terrain pour contribuer à la protection de notre environnement et réduire les dégâts dont nous faisons face. La bonne gestion de l'environnement est une garantie pour la durabilité de notre vie sur terre. Pour se faire, le projet « Climate Challenge » qui a été mis en place par SAMO Foundation, apportera de part son programme d'activités (sensibilisation, éducation, wébinaires/ séminaires de formation) l'accès et la motivation aux jeunes et communautés de développer les gestes écologiques dans leur quotidien ; de mettre sur pieds des greens projets et de créer des emplois verts.

En regardant une image montrant un enfant adopter les gestes éco responsable, j'ai compris que nous pouvions également sensibiliser sur les actions climatiques au travers de la présentation de nos activités. Le projet Climate Challenge m'est dont venu à l'idée et le mot challenge est pour spécifier que face au changement climatique, nous avons un challenge à relever pour lutter contre et réduire les pertes et dégâts dont nous faisons face dans le monde.

Le climate challenge est une e sensibilisation sur les actions climatiques qui donne accès aux jeunes ou communautés du monde de présenter leur activité écologique afin d'impacter au travers des réseaux sociaux d'autres jeunes et leur booster à intégrer le mouvement de lutte contre le changement climatique. Ceux-ci constituera une chaîne d'action écologique qui se rependra au delà des réseaux et touchera d'autres cibles à savoir, les communautés rurales et indigènes. Aussi il s'agit également d'informer, de sensibiliser et de former au travers d'atelier ; dans notre cas, nous avions déjà organisés 04 webinaires sur différentes thématiques liées à la protection de l'environnement.

Nous lançons le projet en Mai 2020 avec une campagne de communication faite sur les différentes pages des réseaux sociaux (Facebook, Istagram, Twitter et LinkedIn) de l'association SAMO Foundation ; dont plusieurs jeunes, communautés, activistes et organisations avaient envoyés leur action sur la lutte contre le changement climatique qui par la suite étaient publié sur ces pages. Au début, plusieurs ne comprenaient pas le concept et son importance mais c'est avec une sensibilisation continu que les envoie d'activités devenaient plus nombreux et constituaient un réel impact et aussi une preuve de la prise de conscience de tous sur les effets que nous subissons cause du changement climatique et que nous devons passer à l'action. A et effet, nous avions programmé une série de wébinaire qui avait pour but de débattre, de permettre aux uns et autres de présenter leurs travaux, d'apprendre et de renforcer les capacités sur certaines thématiques. Un récapitulatif sur les 04 webinaires de thématiques différents qui avaient été programmés au mois d'Août et de Septembre 2020 :

- **Éducation environnementale, où et comment ? pratique : quels sont les différents thèmes à aborder sur l'éducation à l'environnement,** l'éducation environnementale est la première action à adopter afin d'espérer une amélioration et une prévention des dégâts environnementaux!!! Sans elle, le changement et l'amélioration de notre milieu de vie sera presque impossible. Les panélistes originaires de différents pays et responsable ou membre ou volontaire de plusieurs organisations ont partagés leurs activités sur le thème et les difficultés rencontrés sur le terrain (manque de prise de conscience, absence de financement…). Des actions dans cette lancée sont réalisés à travers le monde, d'où sa promotion croissante. Nous devons garder la même dynamique et espérer une prise de conscience de tous accompagné des gestes écologiques.

- **Gestion des déchets : causes, solutions et recommandation,** les experts passionnés de la gestion des déchets avaient présentés les différentes activités qu'ils sont entrain de menés dans leurs pays respectifs à savoir, le tri des déchets à la base ; le recyclage des déchets plastiques ; le compostage ; la réutilisation des déchets etc. Sans toutefois oublier de toujours sensibiliser la communauté sur les éco gestes à adopter pour une gestion efficace et durable des déchets. Nous avions assistés à une diversité de réalité de terrain en ce qui concerne la gestion des déchets des différents pays des panélistes, dont le Cameroun, la Sierra Leone, le Benin et la RDC. Nous retenions que la gestion des déchets reste l'un des problèmes d'urgence à prendre en compte au plus vite, sinon nous continuerons à vivre dans les déchets et subir les dommages qu'ils entrainent.

- **Planter un arbre, pourquoi et comment ? Comment mettre en place une activité de plantation d'arbres :** au cours de ce webinaire, nous avions noté les bienfaits de la présence des arbres dans notre environnement : air pur ; eau propre; création d'emplois ; séquestration du carbone ; valeurs immobilières accrues ; amélioration de la santé mentale ; contrôle de température ; contrôle des inondations ; habitat faunique etc. Durant le webinaire, nous avions bénéficié de l'expérience d'un écologiste du Nigéria, il nous a relaté les différents projets sur la plantation d'arbres dont il est activement engagé dans sa communauté à savoir, l'éducation, la formation, la plantation et le suivi. A ce jour, il compte plus de 5000 arbres plantés avec la participation des jeunes de sa communauté.

- **Pollution de l'eau : causes, solutions et recommandation,** les acteurs engagés pour la protection de l'environnement de plusieurs pays, dont le Congo Brazzaville, l'Inde et le Cameroun ont présentés les causes de la pollution de l'eau dans leur pays respectif tout en soulignant les solutions qui sont réalisés sur le terrain et à mettre sur pieds sans oublier de mentionner les recommandations. Chaque pays ayant ces réalités, nous retenions que le gouvernement doit être stricte sur le suivi du rejet des eaux usées vers les cours d'eau, fleuve…faite par les entreprises et revoir/ améliorer les fosses septiques et le système des latrines de la population afin de réduire et éliminer la pollution de l'eau qui causent plusieurs impacts. Nous notons, la contamination et la perte de vies des êtres vivants aquatiques ; les impacts sanitaires liés à l'Homme (choléra, paludisme etc) ; les impacts environnementaux (changement climatiques, mauvaise qualité de l'eau potable, pollution de la nappe phréatique, pollution de l'air etc). Il est impératif de passer à l'action et mettre un accent sur la qualité de l'eau que nous consommons de nos jours et sur l'assainissement liquide.

De Mai 2020 à Août 2020, le Climate Challenge s'était fait avec la participation des jeunes, des activistes, des communautés, des organisations non gouvernementales et écovolontaires de 20 pays d'Afrique et d'Asie au travers des actions climatiques sur le terrain. La page Facebook « Climate Challenge » qui avait été créé à cet effet, continu d'impacter de part les activités et opportunités présentés de tous à travers le monde. Le projet s'est déroulé jusqu'ici en ligne. Ce projet permet de réunir des personnes engagées, passionnées par les actions climatiques présentant des mesures d'atténuation et d'adaptation, voire les événements locales et internationales qui y sont liés.

Toujours dans l'accomplissement de notre mission, en Juillet 2020, une campagne de collecte des bouteilles plastiques s'était effectuer à Douala, capitale économique du Cameroun, où 04 jeunes volontaires s'étaient engagés à relever les défis concernant la pollution créé par les déchets plastiques dans la ville. Leur collecte s'était faite dans plusieurs coins d'un quartier de la ville ; longeant et marchant au alentour avec pour but de localiser les bouteilles plastiques qui rendent insalubre le milieu. Ils stockaient les bouteilles collectés dans les filets où ils les avaient posés prêt d'un bac à ordures ménagères afin que les populations puissent faire le tri. Ensuite, ceux-ci étaient transportés par une entreprise spécialisée dans le recyclage des déchets plastiques.

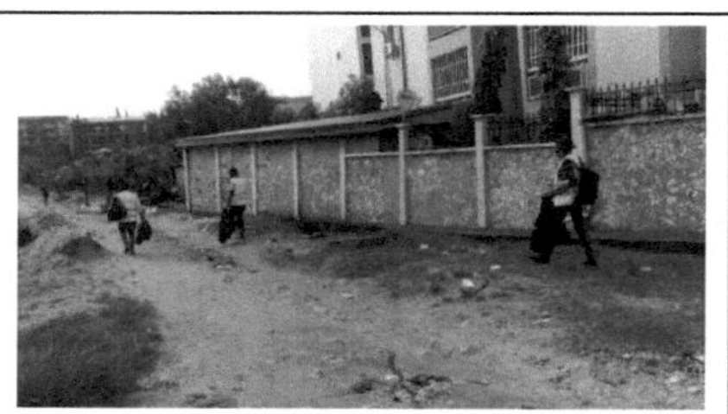

Photo 25 : les volontaires longeant les rues à la recherche des bouteilles plastiques

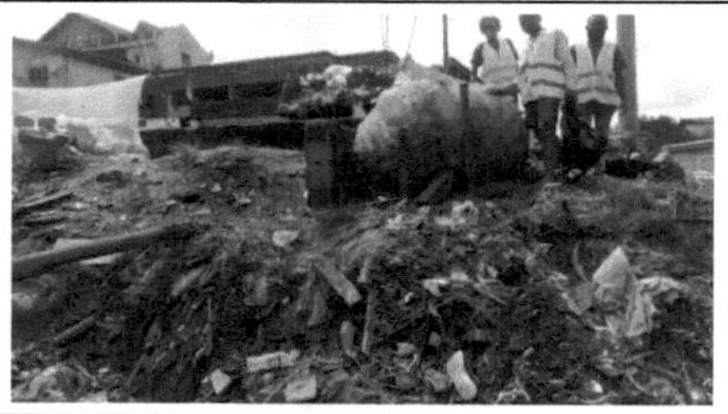

Photo 26 : stockage de bouteilles collectées dans les filets et près d'un bac à ordure afin de faciliter le tri

L'implication des jeunes dans le processus de protection de l'environnement et de la lutte contre le changement climatique garantira davantage des prises de solution durable car les jeunes ont cette capacité énergétique à transmettre leur connaissance avec beaucoup de dynamisme pour la majorité ; raison pour laquelle nous devons instaurer de plus en plus des programmes de développement afin de leur sensibiliser et leur former. A cet effet, SAMO Foundation a mis en place, le projet « EcoVolunteers Program » qui vise à valoriser le volontariat sur la protection de l'environnement et les actions climatiques. L'objectif du programme « **EcoVolunteers** » est de sensibiliser la population sur l'importance de protéger l'environnement au travers des actions volontaire fait par des jeunes tout en leur donnant de part des formations une volonté active de s'impliquer dans les activités. Pour être un EcoVolontaire, il faudra être volontaire à SAMO Foundation ; participer aux campagnes de sensibilisation et formation sur la protection de l'environnement en général et sur la gestion des déchets en particulier et participer aux opérations d'assainissement. Dans cette lancée, l'association a mis sur pied plusieurs activités à travers son programme « **EcoVolunteers** » : hygiène, Collecte et recyclage des déchets ; sensibilisation et formation sur la protection de l'environnement et éduquer les jeunes sur les actions de préservation de l'environnement et à la promotion de la santé de leur communauté.

En Septembre et Octobre 2020, nous avions lancés le projet EcoVolunteers Program avec 25 jeunes auquel trois activités l'ont accompagné, le coaching, la sensibilisation porte à porte et la collecte des bouteilles plastiques, collecte qui avait eu lieu dans un quartier de la ville de Yaoundé où nous avions localisé 03 caniveaux dans 03 sites différent remplis de bouteilles plastiques. Premièrement, nous avions sensibilisé les 25 jeunes sur la pollution des déchets plastiques, sa gestion et la raison pour laquelle il faut collecter les bouteilles plastiques. Les activités se sont déroulées comme suit :

- Sensibilisation porte à porte : 03 écovolontaires avaient reçu un coaching sur l'activité avec pour objectif de faire une sensibilisation porte à porte dans les 03 zones identifiées, ils ont effectué plusieurs tours quand les sacs réservés pour la collecte étaient remplis. Les retours suite à leur sensibilisation auprès des ménages et au marché étaient très positifs. La population voudrait que nous passions au moins une fois par semaine pour collecter les bouteilles plastiques car ils devenaient envahissants et ne savants pas quoi faire, ils étaient obligés de les jetés dans les bacs à ordure pour certains et de façon anarchique pour d'autres. Les écovolontaires avaient également sensibilisé sur le cycle de gestion des déchets plastiques afin de lancer un appel à la population sur les solutions qu'eux même pourrait mettre en place pour réduire sa pollution.
- Collecte des bouteilles plastiques : elle s'est faite sur les 03 sites, chaque site avait un leader de groupe responsable du bon déroulement de l'activité.

A la fin des activités, les 25 jeunes ont reçu un certificat de participation reconnaissant chacun comme étant un EcoVolontaire, un volontaire actif sur les actions de préservation environnementale. Chacun a été sensibilisé sur sa responsabilité en tant qu'acteur ayant le devoir d'impacter sa communauté à travers l'organisation des campagnes de sensibilisation et des activités sur les gestes à adoptés pour garder son milieu sain et agréable à vivre.

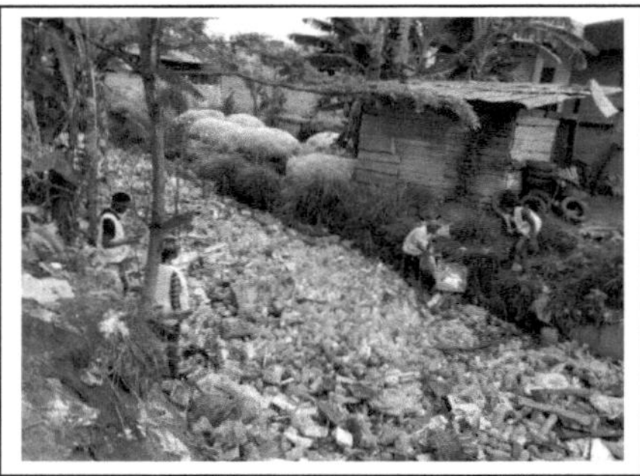

Photo 27 : collecte des bouteilles plastiques sur un des 03 sites

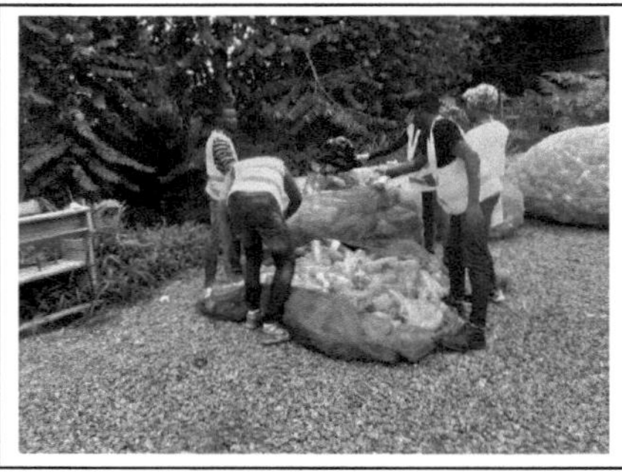

Photo 28 : Misent des bouteilles collectées dans les filets pour faciliter le transport

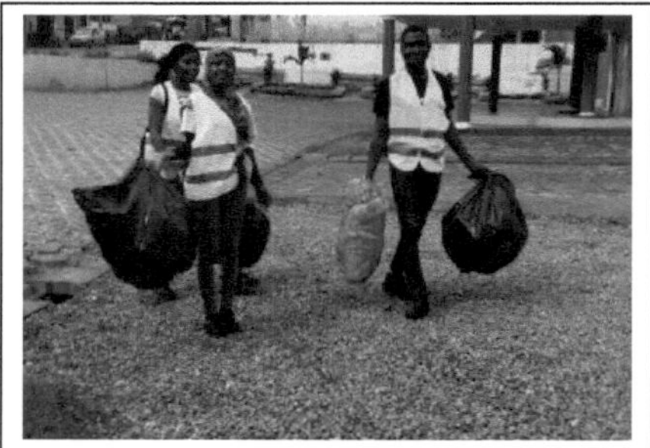

Photo 29 : groupe de sensibilisation porte à porte

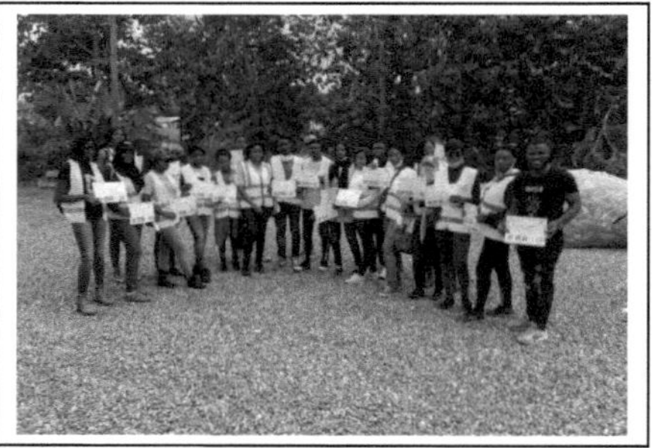

Photo 30 : les écovolontaires avec leur certificat

L'année 2020 marque la prise de conscience des jeunes sur la pratique des actions relatifs à la protection de l'environnement en tant que EcoVoluntaires à SAMO Foundation. Les débuts étant parfois difficile, les projets misent en place cette année ont été d'un grand succès. Un groupe Facebook « Climate Challenge » avait été créé pour continuer la sensibilisation par l'action et inviter davantage les jeunes, organisations, activistes et communautés à continuer le mouvement, à informer sur les changements climatiques et les solutions à mettre en place, à présenter leur différente activité et motiver un plus grand nombre. Les dégâts causés par les changements climatiques sont visible et nous sommes responsable quelque soit le pourcentage, alors, nous devons passer à l'action pour son adaptation et son atténuation.

La sensibilisation aux actions à mettre en place pour protéger l'environnement avait continué tout au long de l'année 2021 avec la collaboration de certaines organisations en milieu rural pour renforcer nos capacités ; apprendre des autres et gagner en expérience dans le milieu.

Encadrer, coordonner et être un guide durant les activités de SAMO Foundation m'ont appris à développer mes qualités de leadership. Le travail d'équipe était mis en avant, nous formions un groupe de travail. Chaque membre de l'équipe œuvrait non pas individuellement mais avec tous les autres pour atteindre nos objectifs. De plus, nous partagions des valeurs communes et une mission à accomplir. Par conséquent, les activités étaient épanouissantes pour tous. L'union faisant la force, les faiblesses des uns étaient compensées par les atouts des autres, et tout le monde progressait et travaillait à la réalisation des projets. La communication qui parfois faisait défaut, s'améliorait continuellement. Notre équipe progresse avec le temps afin de continuer à impacter davantage. J'étais tout le temps présente à la réalisation des différentes activités, donnant des paroles de motivation d'équipe, de façon à ce que tous soient mobilisés en permanence. Malgré les hauts et les bas dans le déroulement des activités, j'optais toujours pour une attitude positive tout en leur boostant afin, qu'ensemble nous trouvions des solutions. Ceux-ci viendront enrichir les projets à venir et la progression des activités en cours, cela a été le cas avec les activités de l'année 2022.

CHAPITRE 4 : Leadership

Nous apprenons chaque jour ! J'apprends chaque jour ! Quand on a à son actif plusieurs organisations d'activité communautaire, de responsabilité en tant que volontaire, de participation aux activités comme bénévoles, d'intégration d'association pour apprendre et partager son expérience, de renforcer ces capacités, bref une expérience impactant assez poussé, on a le devoir de former et motiver les jeunes dans l'accomplissement et la réalisation de leur projet tout en continuant à s'instruire. C'est le sentiment que j'ai aujourd'hui, certes l'on ne peut pas être partout, raison pour laquelle, les jeunes qui sont sur notre responsabilité doivent comprendre que c'est une chaîne de valeur, car ils ont ou auront la même responsabilité demain ou dans un futur proche.

« *J'aimerai préciser que ceci n'est pas une obligation mais un devoir, un désir et être fier de le faire car c'est ainsi que le message devient passionnant et les leaders se font avec des qualités de persévérance, qui ne les quitteront et qu'ils ne lâcheront plus malgré les obstacles qui se désigneront sur leur chemin* ».

Nous voici en 2022, elle débute à SAMO Foundation par son accréditation auprès de l'Assemblée des Nations Unies pour l'Environnement (UNEA) du PNUE. L'accréditation confère aux organisations non gouvernementales le statut d'observateur auprès de l'Assemblée et de ses organes subsidiaires conformément à l'article 70 du règlement intérieur de l'Assemblée des Nations Unies pour l'Environnement (PNUE). Elle s'est obtenue dans le respect des règles et après envoi des dossiers : le papier justifiant notre légalisation au Cameroun ; le rapport de tous nos projets réalisés et notre implication dans les actions durable. Ensuite, nous nous sommes inscrits comme membre du Global Waste Cleaning Network.

Nous avions lancé les activités de SAMO Foundation sur le terrain en Juillet 2022. La e sensibilisation « le Climate Challenge » continu dans le groupe Facebook avec plus de 3000 membres. Chaque jour nous sommes édifiés à travers ce groupe par les résultats de plusieurs travaux de recherche sur le climat ; des formations organisées par plusieurs organisations sur des thématiques environnementales et le volontariat ; des activités réalisées dans plusieurs pays sur les actions climatiques ; des plaidoyers sur le changement climatique, des opportunités de travail, de participation aux événements à l'international et des appels à financement de projets verts. Nous sommes convaincus que cette promotion de l'éducation sur le changement climatique apporte un grand impact dans les communautés, car c'est l'un des moyens de communication les plus répandu de nos jours où presque tout le monde est sur internet.

En Juillet 2022, nous commencions avec les activités sur les projets Marathon Assainissement et EcoVolunteers Program, activités auquel 20 jeunes avaient participé.

Nous savons que le marathon est une épreuve sportive individuelle de course à pied, une épreuve d'endurance dans un domaine sportif ou autre. Vu la situation et les dégâts causés par les déchets plastiques, l'assainissement doit se faire dans toutes les couches sociales en passant par la sensibilisation. Dans notre cas, nous avions choisi les ménages, tout en procédant porte à porte. Une sensibilisation sur la gestion des déchets plastiques porte à porte, tout en collectant les bouteilles plastiques ; dans un quartier, nous faufilerons les rues, nous allons nous repartir par groupe et chacun aura un coin de la zone où il devra sensibiliser le maximum de ménages. Ceux-ci avec un esprit d'équipe, dynamique, d'endurance et d'intégration. C'est la raison pour laquelle, nous avions donné le nom de « Marathon Assainissement » à ce projet.

MARATHON ASSAINISSEMENT

Tout avait débuté par une communication relative au projet, il s'agit d'une sensibilisation qui se fait porte à porte auprès des ménages dans le but, de leur sensibiliser sur la gestion des déchets plastiques, tout en collectant les bouteilles plastiques. Pourquoi une sensibilisation porte à porte ? Avec une expérience de 03 ans sur les activités relatives à la collecte des bouteilles plastiques dans les drains, caniveaux et rivières, j'ai constaté que la situation peine à s'améliorer, ils sont toujours pleins de bouteilles plastiques. Après évaluation, et constat fait en 2020, par le rapport du groupe de sensibilisation porte à porte sur la gestion des déchets plastiques, lors du lancement du projet EcoVolunteers program, il recommandait que, nous devons sensibiliser la population sur ce fléau afin d'obtenir des résultats conséquents. Certes les ménages sont juste une partie des partis prenants, mais ils représentent une majorité de consommateur des bouteilles plastiques.

Durant la communication faite sur le projet Marathon Assainissement, nous avions pu mettre en place un chronogramme de sensibilisation dans la ville de Yaoundé. Le Marathon Assainissement devrait avoir lieu en moyenne une fois par mois dans un arrondissement de Yaoundé, choisi au choix. Les jeunes avaient reçu un coaching le 25 Août 2022 pour le lancement du projet sur le terrain. A cet effet, un webinaire avait été organisé ; nous avions invité un environnementaliste, entrepreneur et volontaire écologiste engagé du Nigéria. Premièrement, il nous a encouragés sur l'initiative mise en place afin de conscientiser la population sur la gestion des déchets plastiques. Pour poursuivre, il avait parlé de son expérience. À ses débuts dans le mouvement écologique, il avait commencé par la sensibilisation sur les réseaux sociaux, sur la manière de traiter l'environnement, puis quand il est passé à l'acte, c'était très embarrassant, très dur, la communauté ne comprenait pas le pourquoi il faisait cela.

Ensuite petit à petit, commençant par son cercle familiale, la communauté a intégré sa vision et de bouche à oreille le mouvement c'était propagé. Aujourd'hui il n'a plus besoin de grand effort pour rassembler la population car il s'est fait un nom dans le domaine du volontariat écologique dans sa communauté. Il continua en disant que l'une des tâches les plus difficiles dans ce domaine est de trouver une motivation qui va booster les personnes à s'intéresser et se lancer dans le volontariat écologique. Enchaînant sur les dangers que cours notre planète du fait de la mauvaise gestion de nos déchets à l'exemple des catastrophes climatiques tel que le réchauffement de la planète. Il avait conclu sur le fait que plus de personnes devraient s'engager dans la sensibilisation à la protection de l'environnement par une bonne gestion de nos déchets, en particulier, les déchets plastiques et promouvoir l'assainissement écologique, encourager les réalisations déjà faites dans ce domaine et la sensibilisions porte à porte.

L'objectif du marathon assainissement, est d'aider les populations à adopter les bonnes habitudes vis à vis des déchets plastiques. En d'autres termes les aider à mieux gérer leurs déchets plastiques, en les jetant dans les bacs spécialisés, qui se trouvent dans certains carrefours de la ville, une bonne initiative de certaines entreprises spécialisées dans le recyclage des déchets. Ils pourront aussi stocker leurs bouteilles plastiques et plus tard aller les commercialiser dans lesdites entreprises. Le résultat attendu est que les usagers adoptent la bonne attitude, en séparant les déchets plastiques des autres ordures ménagères, afin de réduire les dégâts que nous subissons au quotidien.

04 descentes sur le terrain avaient eu lieu dans 04 Communes d'arrondissements de Yaoundé, donc Yaoundé 6éme, 3éme, 2éme et 1er comme suit :

- **Marathon assainissement à Yaoundé 6éme**

Comme annoncé lors du webinaire sur le lancement du projet le 25/08/2022 ; il s'agit de sensibiliser la population sur la gestion des déchets plastiques tout en collectant les bouteilles plastiques. L'association SAMO Foundation organise de façon mensuelle des descentes sur le terrain porte-à-porte sur la gestion des déchets plastiques tout en collectant des bouteilles plastiques. Afin d'aviser la population sur les aspects négatifs des déchets plastiques dans l'environnement et sur les avantages de leur bonne gestion.

Le premier marathon assainissement avait eu lieu le 27 Août 2022 à Yaoundé 6éme, au quartier Biyem-assi (Niki Biyem-assi, rond-point express et marché acacia). Nous avions débuté très tôt le matin avec l'arrivé des volontaires qui étaient au nombre de 12. Un briefing du webinaire et une mise au point concernant l'activité du jour s'était tenue par le coordonnateur du projet. Les volontaires ont été reparties en équipe de 02 à 03 dans différents endroits. 70kg de bouteilles plastiques avaient été collectés et remis à une entreprise de recyclage des déchets plastiques. A la fin de l'activité, les volontaires ont pris plusieurs photos, suivis des vidéos dans lesquels, ils expliquaient le déroulement de la sensibilisation, les difficultés rencontrées, les différentes remarques faites par la population et leur de point de vue pour l'amélioration.

Nous avions constaté que certains volontaires ne comprenaient pas encore l'importance du marathon assainissement, à cet effet, ils avaient reçu un coaching des experts invités pour le projet EcoVolunteers. Parmi la population, les uns ont été réticents et d'autres ont encouragés l'initiative et sont allés jusqu'à proposer des recommandations, dont :

- Livrer des sacs poubelles avec le logos et les coordonnées de l'association pour facilité la collecte porte à porte et pour plus de communication et
- Multiplier les évènements comme celui du marathon assainissement pour inculquer dans l'esprit de la population, la notion de gestion des déchets et protection environnementale.

Le marathon assainissement qui a eu lieu le 27/08/2022 s'était bien déroulé malgré qu'une fraction de la population n'a pas encore prise conscience mais ceci s'améliorera vu les multiples activités encours.

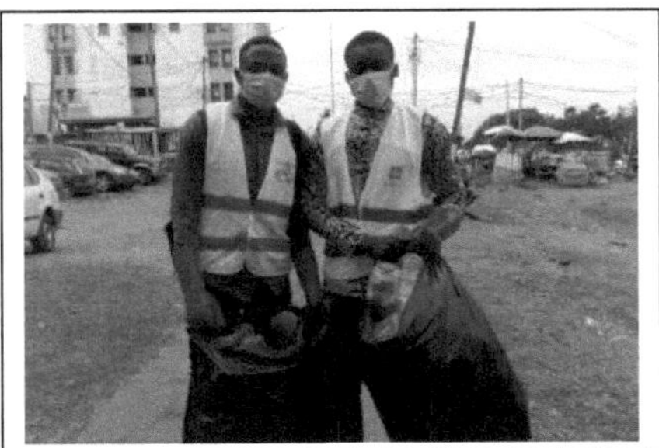

Photo 31 : sensibilisation porte à porte et collecte des bouteilles plastiques

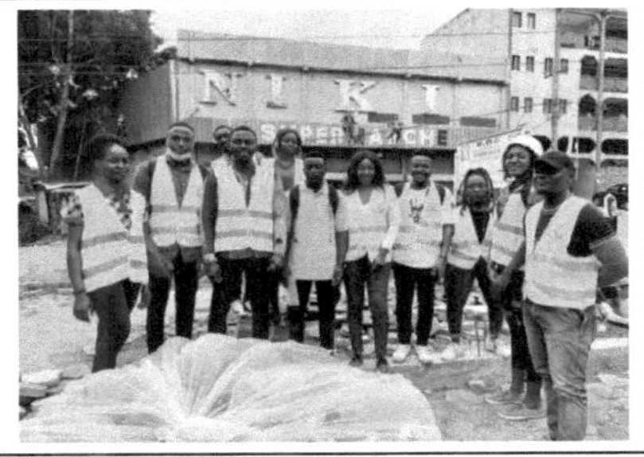

Photo 32 : fin des activités du 1er marathon assainissement

- **Marathon assainissement à Yaoundé 3éme**

Une deuxième descente sur le terrain s'était tenue le 1er Octobre 2022 à Yaoundé 3éme, plus précisément au Cradat, zone estudiantine. C'était sous un ciel orageux que les volontaires étaient arrivés un par un. Certains étaient arrivé à l'environ de 8h30 min, en attendant l'arrivé des autres, un briefing concernant l'activité du jour avait été rappelé par le coordonnateur du projet. Enfin, deux équipes de trois volontaires avaient été formés.

Une petite quantité de bouteilles plastiques avait été collectées, soit 40 kg, dû au fait que, la majorité de la population jette leurs déchets plastiques dans le cours d'eau qui traverse le quartier. Les bouteilles collectées, avaient été mis dans un bac spécial approprié.

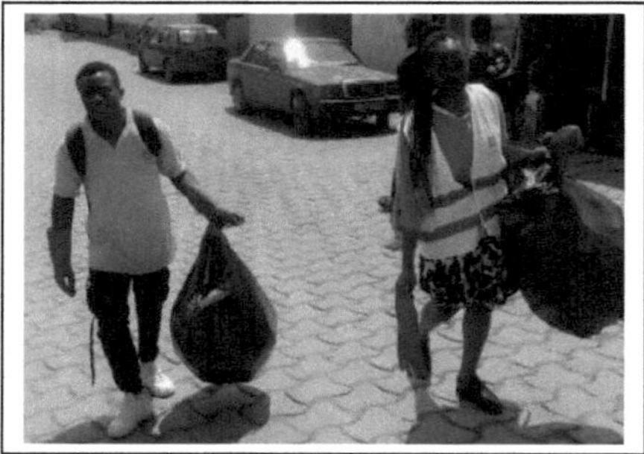

Photo 33 : sensibilisation et collecte porte à porte des bouteilles plastiques

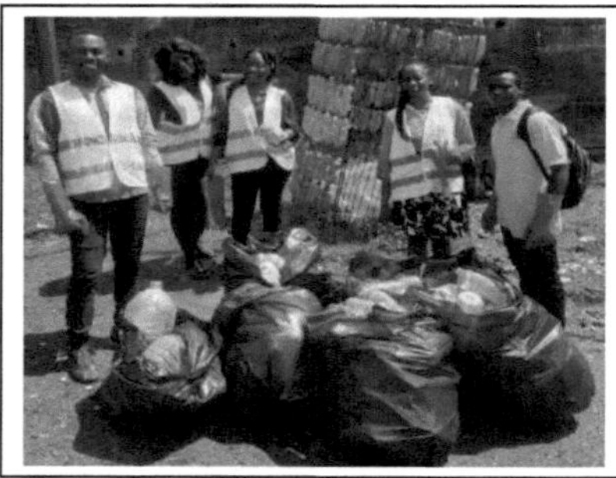

Photo 34 : dépôt de bouteilles plastiques collectées dans un bac spécial

- **Marathon assainissement à Yaoundé 2éme**

Le 12 Novembre 2022, nous étions au quartier de la Cité-verte, situé à Yaoundé 2éme plus précisément au camp-sic. Au nombre de cinq volontaires, deux équipes de 02 et 03 volontaires avaient été formés. La sensibilisation avait débuté au niveau des bâtiments donc les bâtiments Q à Z.

Durant la sensibilisation, nous avions constaté que certains ménages avaient déjà adopté des gestes éco responsables au niveau de la gestion des déchets plastiques et de leurs bouteilles car ils les stockent et des jeunes passent régulièrement pour les collecter.

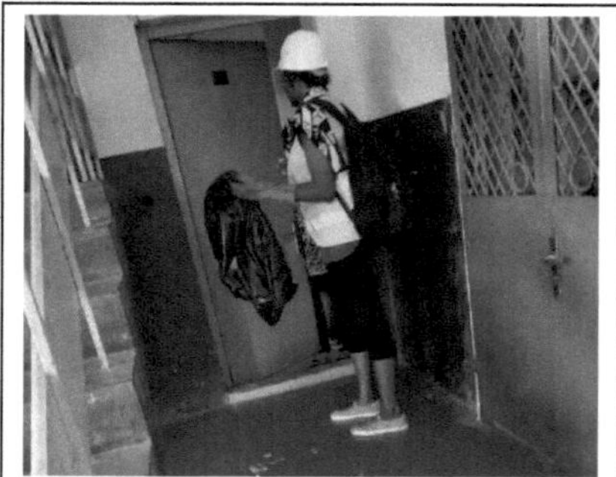

Photo 35 : sensibilisation et collecte porte à porte des bouteilles plastiques au niveau des bâtiments

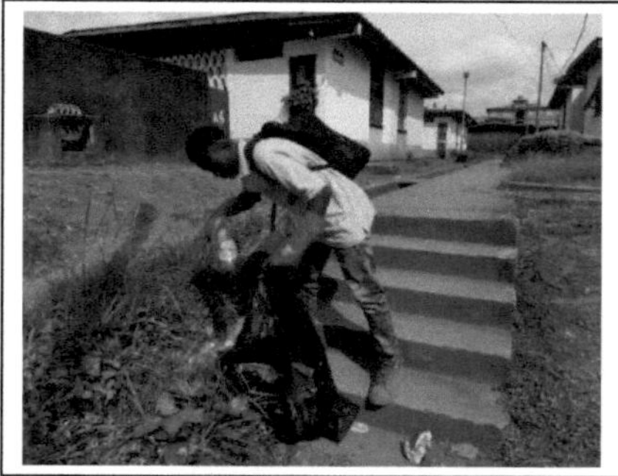

Photo 36 : pendant l'activité, collecte des bouteilles plastiques dans les rues

- **Marathon assainissement à Yaoundé 1er**

Notre 4éme descente sur le terrain avait eu lieu à Yaoundé 1er, le 10 Décembre 2022, au quartier Bastos, plus précisément à la nouvelle route Bastos. La stratégie de départ avait été également adoptée ce jour. Nous avions été satisfait de constaté que la majorité de la population stockait déjà leur bouteille plastique, puis il les revend à des particuliers qui passent fréquemment dans chaque ménages pour les achetés. Les 65 kg de bouteilles collectées avaient été remis à l'un de ces particuliers.

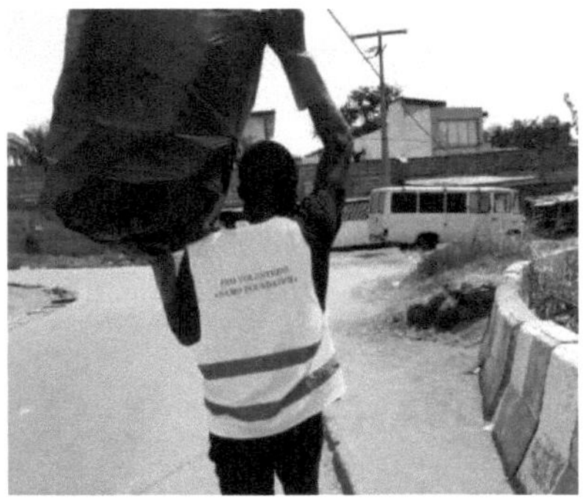

Photo 37 : équipe du terrain du mois de Décembre

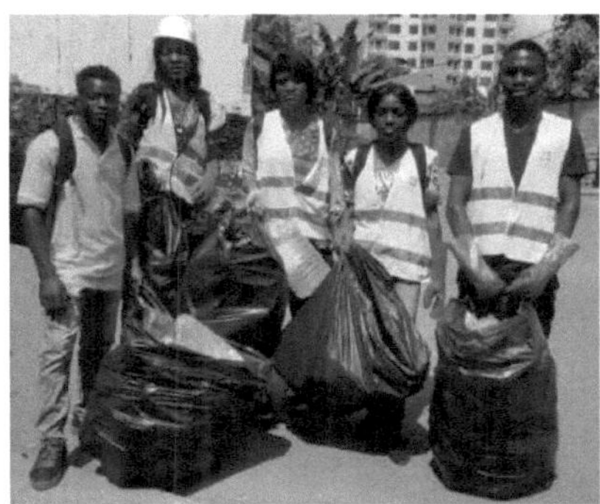

Photo 38 : transport de bouteilles plastiques colletées vers le lieu de stockage

Comme perspective, nous allions mettre en place une fiche de suivie en 2023 pour évaluer l'impact de notre activité auprès de la population.

La sensibilisation à l'environnement est importante car elle a des effets positifs sur la santé publique, le développement durable et la réduction du réchauffement climatique. Notre rôle en tant qu'association est primordial dans le processus. Nous avons le devoir de mettre en place des activités pour réduire les impacts environnementales et sanitaires suite aux nombreux effets environnementaux dont nous faisons face. La sensibilisation à l'environnement permet également de développer la conscience environnementale et informer la population des dangers qu'ils encourent s'ils n'adoptent pas les gestes écologiques dans leur vie quotidienne. Elle est importante, parce que l'Homme a besoin d'une bonne compréhension des menaces qui pèsent sur notre terre, pour réaliser pleinement l'importance des dégâts. La sensibilisation concerne plusieurs thèmes à savoir, la gestion des déchets ; la plantation d'arbres ; la santé publique, le développement durable etc.

Prenons le cas de la santé publique, un environnement sain conduit à une population en bonne santé. Une terre saine, pourra nous procurer de l'eau propre, de l'air respirable et des aliments sains, qui peuvent tous être mis en danger par le rejet négligé des déchets ou des eaux pollués par des produits chimiques. Ainsi, la pratique des actions climatiques s'appliquent à réduire certaines maladies, qui comprennent les problèmes respiratoires dus à la pollution et les maladies infectieuses dues à l'échauffement de la terre. Concernant le développement durable, les Nations Unies (ONU) le définissent comme « *un développement qui répond aux besoins du présent sans compromettre la capacité des générations futures à répondre aux leurs* ». La lutte contre la pauvreté, les villes et communautés durables, les mesures relatives à la lutte contre les changements climatiques, l'eau propre et assainissement sont inclus dans les objectifs du développement durable par l'ONU.

Nous avons la responsabilité de promouvoir la sensibilisation pour garantir l'atteinte à ces objectifs dans notre communauté. Par exemple, au Cameroun plusieurs organisations, à l'exemple de SAMO Foundation effectue des campagnes de sensibilisation à la protection de l'environnement ; c'est l'ensemble de tous ceux-ci, qui permettra d'assurer la durabilité de notre milieu de vie.

ECOVOLUNTEERS PROGRAM

Une série de 04 wébinaires en ligne avaient été programmés du Mois de Septembre 2022 à Décembre 2022, en moyenne, un wébinaire par mois. Un atelier de formation et de sensibilisation sur différents sujets liés au volontariat écologique. Les jeunes doivent comprendre leur engagement auprès de la population/ la communauté (vous pouvez impacter avec une grande volonté, sans toutefois connaître l'utilité qu'il a pour vous et la population). C'est notre rôle de leur informer, sensibiliser et éduquer sur les bienfaits qu'ils apportent tout en étant des écovolontaires. Pour cela, nous avions invité des experts passionnés du domaine, qui exercent depuis des années et continuent malgré leur multiple responsabilité.

- **Le volontariat écologique, une expérience professionnelle sûre, partie 1 (29 Septembre 2023)**

Notre invité nous venait du Benin, environnementaliste, volontaire engagé et passionné dans les actions environnementales. Il avait donné d'ample explication sur le volontariat. Le volontariat est un engagement personnel qui permet à tout jeune engagé de gagner en expérience quel qu'en soit le domaine. Le volontariat est cette action que tout citoyen devrait mener pour aider son pays dans le processus de développement.

Concernant son expérience, il avait travaillé sur plusieurs activités sociales communautaires qui ont permis d'apporter un plus dans la lutte que mène le Bénin contre le changement climatique. Il le faisait en association à l'exemple, de

l'association les Amis de l'Environnement. En tant que volontaire, nous devions être un leader, savoir communiquer, être intègre, travailler et gagner en expérience.
Nous avions reçu quelques conseils sur le projet marathon assainissement. Sa bonne gestion se fera en soulignant ces aspects :

- Chercher à comprendre les mentalités de la population visée avant d'aller sur le terrain ;
- Savoir quels sont les impacts liés aux déchets plastiques dans la zone ;
- Rester focaliser sur l'objectif de travail ;
- Chercher à comment faire pour impacter la communauté et
- Connaitre ses limites, accepter ses défauts et travaillé à les dépasser.

Quelques avantages du volontariat avaient été mentionné, à savoir :

- Gagner en expérience sur la communication (réseaux sociaux, émissions et les masses médias), le développement personnel et le leadership ;
- Gagner en expérience sur l'organisation communautaire ;
- Valoriser son CV : pour cela, il faudra faire le point sur les compétences acquissent lors du service du volontariat comme la gestion de la ressource humaine, la communication en public, la connaissance de langue locale, la capacité d'adaptation etc. Et
- Apprendre à travailler en équipe.

En conclusion, le volontariat nous permet d'avoir une carrière professionnelle solide et à nous intégrer facilement dans la société.

- **Le volontariat écologique, une expérience professionnelle sûre, partie 2 (10 Novembre 2022)**

Le webinaire du 10 novembre 2022 portait sur le thème "volontariat écologique, une expérience professionnelle sûre, partie 2". Comme invité, nous avions eu un expert Béninois, doctorant à l'université de Mans et travaillant sur les droits de l'Homme et les changements climatiques. Il avait partagé avec nous son expérience en tant que volontaire écologique. D'après lui, l'environnement souffre de trois maux qui sont : la pollution, la perte de la biodiversité et le changement climatique ; tous liés aux différentes activités de l'homme. L'un des moyens les plus répandus pour lutter contre est le volontariat écologique. Et les valeurs professionnelles qu'on peut tirer du volontariat sont :

- Le tourisme par la découverte de nouveaux environnements, de nouvelles cultures ;
- Le réseautage à travers la rencontre de nouvelles personnes ;
- Le volontariat est un plus pour sa carrière professionnelle car il permet d'acquérir plusieurs compétences comme la prise de parole en public, le travail

d'équipe, la gestion de la ressource humaine, la confiance en soi et bien d'autre et

- L'accroissement du domaine de compétence car lors d'un volontariat, les volontaires sont formés sur des notions nouvelles à l'exemple de la gestion des déchets et les emplois verts.

Et il avait conclut en encourageant les jeunes à renforcer leur engagement dans le volontariat, ce n'est pas un chemin facile mais la réussite est presque toujours au bout du chemin.

- **Le volontariat écologique et la création d'emplois verts, partie 1 (07 Décembre 2022)**

Le mercredi 07 décembre 2022 avait eu lieu le webinaire sur le volontariat écologique et la création d'emplois verts, partie 1, webinaire animé par la fondatrice de SAMO Foundation que je suis. Il s'agissait d'expliquer le lien entre le volontariat écologique et la création d'emplois verts. Les emplois verts sont des emplois qui contribuent à la préservation et à la restauration de l'environnement. Chaque écovolontaire a été appelé à capitaliser ces actions en réalisant un projet vert, certains ont pu présenter leur projet vert et ont reçu un coaching pour la rédaction et la mise en œuvre sur le terrain.

Nous avions eu l'honneur d'écouter le témoignage d'un écovolontaire, jeune femme engagée à SAMO Foundation depuis 2019, qui nous avait parlé des bénéfices apportés par son engagement en tant que volontaire écologique :

- A faciliter sa prise de parole en public ;
- A obtenu un stage professionnel et
- A pu mettre en place un projet vert.

Elle est devenue une passionnée de la gestion des déchets et elle ressent toujours le besoin de sensibiliser sa communauté et de participer aux activités de nettoyage.

Revenons de façon explicite sur les emplois verts. L'emploi vert est une notion en pleine maturation à la fin de l'année 2009. L'environnement et le développement durable sont en effet au cœur des débats après le crac financier de l'été 2009, les effets avérés des changements climatiques et la lutte contre la délocalisation du travail. L'emploi vert concerne l'économie verte. L'emploi vert regroupe les fonctions directement liées à l'environnement (protection de la nature, biodiversité, paysages, ...) et celles associées à la Responsabilité Sociétale de l'Entreprise (RSE). Le secteur des énergies renouvelables est la locomotive de l'emploi vert. Le rapport du PNUE fait état d'une opportunité de créer des millions d'emplois « vert » dans les prochaines décennies. Les emplois verts sont présents dans de nombreux secteurs de l'économie et à tous les niveaux de qualification, il tend à réduire la consommation d'énergie,

minimiser les formes de pollution, et ce, tout en restant décent… (Le Monde des Pyrénées, définition : emplois vert).
Les emplois verts sont primordiaux pour le développement des jeunes et son insertion garantis la lutte contre le chômage. Il est donc nécessaire de former les jeunes aux différents métiers des emplois verts qui sont une source économique pour notre communauté ; comme exemples des emplois verts, nous avons :

- L'agriculture ;
- Le recyclage des déchets ;
- Les énergies renouvelables ;
- La communication environnementale ;
- Etc.

- **Le volontariat écologique et la création des emplois verts, partie 2 (16 Décembre 2022)**

Nous avions eu le plaisir d'avoir comme invité ce 16 Décembre 2022, le directeur général de l'initiative mondiale pour la conservation de l'environnement et du climat (GECCI), une organisation mondiale dirigée par des jeunes qui est présente dans plus de 90 pays à travers le monde avec plus de 22 000 équipes basées en Afrique, Europe, Asie occidentale, Asie-Pacifique, Amérique latine et Caraïbes et Amérique du Nord.

Un grand moment de partage d'expérience ; d'explication des stratégies de gestion de projets et de motivation sur la mise en place d'un projet, dont sortir de sa zone de confort, s'entourer de personnes partageant la même vision que nous, avoir confiance en soi et à son projet. Notre expert a décrit de façon explicite les emplois verts tout en parlant de ces bienfaits et ces différentes actions qui y sont liés ; également, en présentant ces activités et le processus à mettre en place pour réussir son projet vert.
Plusieurs emplois verts ont été cités à l'exemple des énergies renouvelables. En Afrique, la population a encore des difficultés d'accès à l'énergie alors que nous avons à notre portée plusieurs solutions. Pour se faire, nous devrions formés davantage la communauté pour qu'ils puissent l'acquérir. A cet effet, nous retenions des détails sur la sensibilisation des communautés et la formation :

➢ **La sensibilisation des communautés**

La sensibilisation communautaire est tout processus visant à informer et outiller les populations locales sur un problème éminent auparavant identifié, afin de favoriser une prise de conscience collective, susciter la réflexion mais aussi leur permettre de passer à l'action. Cinq étapes pour réaliser des campagnes de sensibilisation percutantes et performantes :

- Définir les objectifs…
- Déterminer les publics cibles…
- Définir les messages…
- Choisir les stratégies et les moyens…et
- Évaluer les répercussions et les retombées.

➢ **La formation des jeunes**

Transmettre votre passion et votre savoir-faire. L'apprentissage vous permet d'encourager un jeune à s'inscrire dans vos pas et à partager votre passion. Votre motivation est votre meilleur atout pour transmettre efficacement vos compétences et votre savoir-faire. Les jeunes constituent une force vive agissant pour le bien commun, et leur énergie, lorsqu'ils ont la possibilité d'exercer leurs droits, leur permet de susciter des changements positifs.

« La jeunesse contribue à développer la résilience des communautés et à stimuler le progrès. Sa contribution à l'Agenda 2030 est primordiale pour accélérer l'élan vers la réalisation des Objectifs de développement durable. (Georges GAMBADATOUN, 5 raisons qui imposent à la jeunesse un rôle fondamental dans l'atteinte des ODD, 2021). »

Après les différents webinaires, nous notions que, les jeunes doivent davantage prendre consciente de leur implication sur les actions liées à la protection de l'environnement, à la lutte contre le changement climatique et au développement durable. Pour cela, SAMO Foundation devra :

- Renforcer les capacités de ces différents coordonateur et points focaux pour faciliter la réalisation des projets/ activités ;
- Motiver les jeunes à l'apprentissage de la langue anglaise et
- Inculquer l'esprit de leadership.

Nous ressortions de cette rencontre 03 grands points qui seront évoqués dans les différents projets de SAMO Foundation en cette année 2023 :

- Faire des formations sur les différents emplois verts (recyclage des déchets plastiques, compostage …) ;
- Innover des actions avec d'autres catégories de déchets et
- Effecteur des séances de coaching avec les jeunes/écovolontaires sur le développement personnel.

Un écovolontaire est un volontaire engagé au service de l'environnement et du développement durable. Il a un avantage attrayant, car il permet de s'épanouir dans son développement personnel et professionnel tout en faisant de nouvelles rencontres, en apprenant de nouveaux concepts et en se découvrant. C'est une expérience unique à vivre mais avant tout, il faut être conscient de l'engagement et de la détermination à avoir. Participer à la conservation de la planète, en aidant les communautés à la protection de l'environnement est un parcours que tout le monde doit réaliser, nous vivions des dégâts chaque jour qui nous rappel l'implication de tous à l'action. Aucune expérience n'est demandée pour être un écovolontaire.

Pour l'être, il faudra développer du savoir vivre, de l'ouverture d'esprit, une bonne capacité d'adaptation et de la motivation. Raison pour laquelle, nous ne cessons de coacher nos écovolontaires, car parfois, l'on peut être découragé, on n'arrive pas à suivre le rythme ou l'environnement ne nous conviens pas, notre accompagnement, aide plus d'un à se reprendre en main.

Au delà des projets Marathon Assainissement et EcoVolunteers Program, nous avions participés à plusieurs webinaires internationaux sur différentes thématiques qui étaient axées sur le développement durable, l'éducation au changement climatique et la protection environnementale. Parmi ceux-ci, nous avions participé à la Première réunion du Comité de négociation intergouvernemental (INC-1) pour élaborer un instrument international juridiquement contraignant sur la pollution plastique, y compris le milieu marin qui s'était tenu du 28 Novembre au 02 Décembre 2022 en Uruguay, In Punta del Este. Notre participation a été faite en ligne. Une occasion pour nous d'apprendre davantage sur les directives qui sont prises à l'internationale sur la protection de l'environnement, en particulier sur la pollution plastique. Notre apport a été de proposer une déclaration conjointe de l'association SAMO Foundation avec le soutient des collègues du Nigéria et de l'Arménie. Aussi, nous avions contribué à l'écriture du modèle de réponse proposé sur les options potentielles pour les éléments vers un instrument international juridiquement contraignant.

Les activités de l'année 2022, avaient été clôturées avec la campagne de sensibilisation sur la gestion des déchets plastiques et la collecte des bouteilles plastiques à Ya-Fe (Yaoundé en Fête), activité qui a reçu l'accord du sous-préfet de l'arrondissement de Yaoundé 2. Comme tous les ans, Yaoundé organise un évènement attractif pendant la période des fêtes de fin d'année. Cet évènement s'était tenu du 16 Décembre 2022 au 02 janvier 2023, situé à la partie basse du palais de congrès de Yaoundé. Au programme, gastronomie, concert live, animations diverses, jeux et manèges. La particularité de cette 17ème édition de Ya-Fe était qu'elle a accordé une place privilégiée au made in Cameroun. Nous avions effectués deux jours de sensibilisation à Ya-Fe, le 22 et le 29 Décembre 2022.

La sensibilisation sur la bonne gestion des déchets plastiques et la collecte des bouteilles plastiques vides était pour promouvoir un environnement sain durant l'événement. Absorbé par toutes les activités qui ont lieu, l'on néglige souvent l'aspect environnemental. Généralement à la fin de chaque journée à Ya-Fe, les déchets se baladent de part et d'autre causant l'insalubrité publique. Certes, il y'a des agents d'entretien, mais il faudra que la population apprenne à adopter les gestes éco responsables, à l'exemple de jeter les déchets dans les bacs réservés à ces déchets.

La sensibilisation s'était effectuée auprès des stands et des visiteurs. Nous avions remarqué la non présence de bac à ordures dans les stands causent de la mauvaise disposition des bouteilles plastiques qui se trouvaient derrière les stands ou dans la nature ; une minorité gardait leur bouteille plastique pour réutilisation ou recyclage. Les exposants avaient été très réceptifs durant la sensibilisation, avaient compris l'importance de stocker leur bouteille plastique afin de leur disposer dans les bacs appropriés ou remettre à une organisation pour un traitement durable. Dans les stands, nous avions mis l'accent sur le fait qu'ils doivent réunir les bouteilles après utilisation et les jetés dans un bac approprié. Chez les visiteurs, de garder leurs bouteilles vides avec eux et de les jeter une fois arriver dans un coin poubelle et ceci pas seulement dans l'enceinte de Ya-Fe mais aussi partout où ils se trouveront. 175 Kg de bouteilles plastiques avaient été collectés pendant les 02 jours de sensibilisation. Prochainement, nous allions fournir plus d'effort pour effectuer la campagne de sensibilisation tous les jours.

Après cette activité, nous allons répandre notre projet « Marathon Assainissement » dans les lieux événementiels. Soucieux de la protection de notre environnement, la réduction de l'insalubrité se fera avec la participation de tous ; à cette fin, nous devons renforcer la sensibilisation à tous les niveaux.

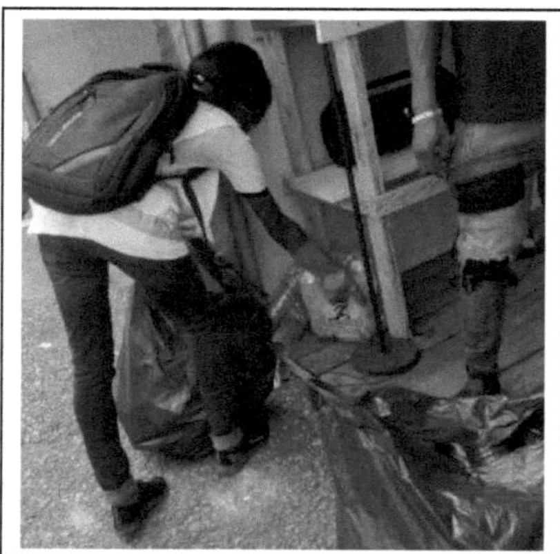

Photo 39 : Sensibilisation et collecte des bouteilles plastiques dans un stand

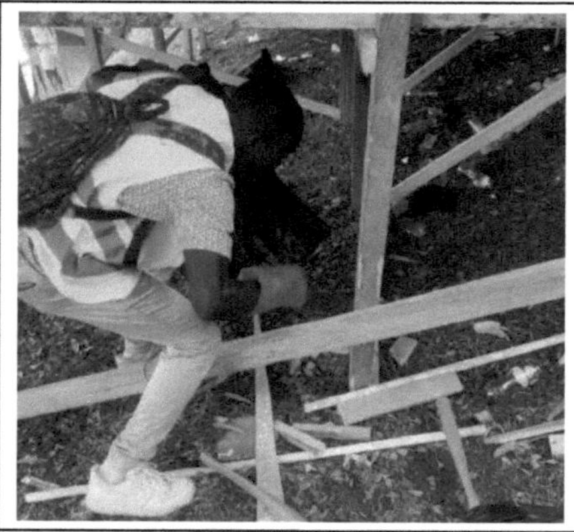

Photo 40 : Collecte des bouteilles plastiques en dessous d'un stand

Les activités réalisées durant l'année 2022 étaient innovant les uns que les autres, appréciées par plusieurs, nous avions également noté les remarques et recommandation. Pour cette année 2023, les projets se feront avec une équipe jeune et dynamique pleine de passion.

Nous ne serons jamais assez prêts pour conduire, mais la confiance en soi nous montrera la voie, d'assumer les décisions prises et de continuer à mettre notre passion au service des autres, tout en faisant de cela notre carrière professionnelle ou nos actions bénévoles/ volontaires. Quel qu'en soit nos responsabilités ; nous devions toujours y mettre les attitudes humaines et adopter les gestes éco responsable.

Chacun de nous, a un rêve, une passion et surtout la force nécessaire pour le réaliser, notre développement se fera avec tous. Les simples gestes environnementaux, humanitaires, sociales...que nous négligions généralement, sont l'une des règles du développement. C'est l'ensemble de tous ceux-ci qui créera un environnement socialement durable. Raison pour laquelle, chacun doit prendre la responsabilité d'être un bénévole/ volontaire dans une spécialité qui le passionne ou autres afin de servir sa communauté et promouvoir le développement. Ceux-ci n'empêchent pas d'assumer nos responsabilités professionnelles et familiales.

Toute cette implication que je mets en place avec plusieurs équipes puissent sa force dans la passion et le travail. C'est dans cette voie, que je me définis comme un acteur de développement.

C'est qui un acteur de développement ?

Toute personne qui contribue à la mise en œuvre du processus de réalisation des ODD dans sa communauté. Il a un rôle à jouer en matière de développement durable. Et cela au travers de ces actions qu'il met en place au quotidien, à l'exemple des gestes écologiques et humanitaires ; dans son espace de vie ; au travail ou son mode de consommation. Il peut également contribuer à la diffusion de l'information et l'éducation relative à l'environnement ou au développement durable, en sensibilisant ses proches aux bons gestes et aux attitudes à adopter. Plusieurs secteurs dans la société peuvent aussi être des acteurs de développement suivants des règles bien définies à respecter.

Toute entreprise, peut être un acteur de développement, par l'intégration du développement durable au sein de leur planning et modifier ainsi leur fonctionnement pour protéger l'environnement. Contribuer à la justice sociale en permettant à leurs personnels de travailler dans de bonnes conditions, de limiter la consommation de ressources et les pollutions de l'environnement et impliquer leurs parties prenantes dans leur démarche de développement durable.

Les associations et les ONG seront considérés comme acteur de développement, par la mise en place des objectifs de protection de l'environnement ou humanitaires ou toute activité contribuant au progrès de leur communauté. Participer au développement durable par leurs actions découlant de leurs activités écologiques et leurs démarches humanitaires.

Les collectivités territoriales comme acteur de développement, peuvent mettre en place une politique de développement durable au sein de leur territoire, en impliquant tous les acteurs dans une démarche de démocratie participative par la mise en œuvre d'un agenda 21 local.

L'Agenda 21 local trouve son origine au Sommet de la Terre de Rio au cours duquel, en 1992, 173 chefs d'État l'ont adopté, un plan d'action global, l'Agenda 21. L'objectif de ce plan : assurer un développement durable de l'ensemble des habitants de la planète. Dans son chapitre 28, l'Agenda 21 insiste sur le rôle des collectivités locales pour mettre en œuvre des agendas 21 locaux. Tous les territoires, notamment les communes et leurs groupements, sont invités par l'ONU et les pouvoirs publics nationaux à élaborer leur propre Agenda 21 local.

Le document rédigé a pour but : « d'envisager les problèmes urgents d'aujourd'hui », « de préparer le monde aux tâches qui l'attendent au cours du siècle prochain » et « d'instaurer un nouveau partenariat mondial pour le développement durable ».

Il s'agit d'un plan d'actions aussi bien global, national que local.

Ses objectifs principaux consistent à :

- Articuler le court et le long terme, les préoccupations locales et globales ;
- Insister sur la solidarité à l'échelle planétaire, régionale et locale ;
- Promouvoir la solidarité entre régions riches et pauvres et entre espaces riches et pauvres au sein d'une agglomération ;
- Souligner la responsabilité partagée entre acteurs locaux, régionaux, mondiaux.

Un des principes clés de l'agenda repose sur le fait qu'il est fondamental d'associer les populations aux projets qui les concernent. Il faut, donc, impliquer dans les projets toutes les parties prenantes, y compris les générations futures.

L'Agenda 21 local est un processus largement participatif et multipartite : il fait place à l'ensemble des acteurs territoriaux, dont les élus, l'administration municipale, les associations, les entreprises et les citoyens. Il est également multisectoriel, c'est-à-dire qu'il inclut des enjeux économiques, environnementaux, sociaux, culturels et éthiques.

Il devrait traiter d'équité et inclure des enjeux locaux, régionaux, nationaux et globaux.

Il n'existe pas de méthodologie unique et applicable à tous les contextes pour la réalisation d'un Agenda 21 local, mais il existe malgré tout quelques étapes générales qui devraient être entreprises :

1. La réalisation d'un diagnostic territorial sur les enjeux locaux de développement durable. Il s'agit d'identifier le contexte et l'historique du territoire, son potentiel, ses forces et ses faiblesses, ses problèmes et leurs causes. Le diagnostic comprend également une évaluation des actions et des politiques déjà existantes au regard du développement durable.
2. La validation du diagnostic auprès de la collectivité. Ce diagnostic offre une base pour entamer le dialogue avec les acteurs du territoire et les citoyens, pour leur permettre de se réapproprier le projet de développement durable, d'identifier des stratégies, des projets et des actions alternatives et créatives.
3. L'élaboration du plan d'action en concertation avec les acteurs territoriaux. Les priorités d'actions sont établies selon leur pertinence, leur incidence financière, leurs impacts environnementaux et sociaux. S'ensuit la préparation d'un calendrier de mise en œuvre. Ce plan d'action, ou Agenda 21 local, est ensuite soumis au vote des élus qui doivent l'adopter.
4. La mise en œuvre du plan d'action. Les actions sont mises en œuvre selon les responsabilités déterminées. L'efficacité des actions doit pouvoir être évaluée au moyen d'indicateurs fiables et crédibles, puis faire l'objet d'une reddition de compte au moyen d'un bilan de mise en œuvre.

L'élaboration et la mise en œuvre d'un Agenda 21 local sont des étapes qui peuvent durer de trois à cinq ans. Une fois le plan d'action complété, un nouvel Agenda 21 local est élaboré dans une perspective d'amélioration continue.

Chacun peut et doit être un acteur de développement, afin de faire progresser la protection et la préservation de l'environnement, l'équité sociale, une économie plus sociale et solidaire et d'apporter à son pays, sa contribution dans le processus de développement.

Bibliographie

Abdou, T., Alassane, S. (2003). Pesticide Action Network (PAN) Africa : les pesticides au Sénégal, 2ème édition, pp 44.

Bo, Lim., Erika, S-S., Ian, B., Elizabeth, M., Saleemul., H. (2006). Cadre des politiques d'adaptation au changement climatique : Élaboration de stratégies, politiques et mesures. Programme des Nations Unies pour le Développement.

Conservation Nature, Pollution plastique : définition, causes et conséquences.

Discover Cameroon, l'Afrique en miniature.

Éducation 21, Éducation en vue d'un Développement Durable (EDD) : L'éducation à l'environnement.

FAO/OMS. (2002). Manual on development et use of FAO et WHO, pp 3.

UNESCO-PNUE, Guide on Environmental Education Values Teaching, Série environnementale, n°13, 1985.

Georges, G. (2021). 5 raisons qui imposent à la jeunesse un rôle fondamental dans l'atteinte des Objectifs du Développement Durable (ODD) : Le rôle de la jeunesse dans l'atteinte des ODD.

IFDD., OIF. (2018). Francophonie et Développement Durable : innovations et bonnes pratiques

Le Monde des Pyrénées. Définition : Emplois Vert.

Les cahiers du développement durable. Les agendas 21.

Ministères des Affaires municipales et de l'Habitation, Québec. (2010). Municipalité durable.

Nations unies. Journée mondiale de lutte contre la désertification et la sécheresse, 17 Juin.

Observatoire international des maires. (2015). Sommet du vivre ensemble.

Partoune C., Ericx M. (2011). Éducation relative à l'environnement (ErE) : de quoi s'agit-il ? Institut d'Eco-Pédagogie.

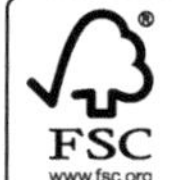

MIX
Papier aus verantwortungsvollen Quellen
Paper from responsible sources
FSC® C105338

Printed by Books on Demand GmbH, Norderstedt / Germany